Auxiliando a humanidade a encontrar a Verdade

A História de Pai Inácio

A História
de Pai Inácio

EDITORA DO
CONHECIMENTO

© 2008 - Conhecimento Editorial Ltda.

A História de Pai Inácio
Anna Pozetta

Todos os direitos desta edição reservados
à
CONHECIMENTO EDITORIAL LTDA
www.edconhecimento.com.br
conhecimento@edconhecimento.com.br
Caixa Postal 404 - CEP 13480-970
Limeira - SP - Fone: 19 3451-0143

Nos termos da lei que resguarda os direitos autorais, é proibida a reprodução total ou parcial, de qualquer forma ou por qualquer meio — eletrônico ou mecânico, inclusive por processos xerográficos, de fotocópia e de gravação — sem permissão, por escrito, do editor.

Preparação e revisão de texto:
Margareth Rose Fonseca Carvalho
Projeto Gráfico:
Sérgio Carvalho

ISBN 978-85-7618-131-6
1ª Edição - 2008

• Impresso no Brasil • *Presita en Brazilo*

Produzido no departamento gráfico da
EDITORA DO CONHECIMENTO
e-mail: grafica@edconhecimento.com.br

Dados Internacionais de Catalogação na Publicação (CIP)
(Câmara Brasileira do Livro, SP, Brasil)

Ináciio, Pai (Espírito)
   A História de Pai Inácio / (psicografia de) Anna Pozetta. — Limeira, SP : Editora do Conhecimento, 2008.

   ISBN 978-85-7618-131-6
   1. Ervas - Uso terapêutico 2. Escravidão - Brasil 3. Espiritismo 4. Ficção espírita 5. Mediunidade 6. Reencarnação I. Pozetta, Anna. II. Título.
   07-10180   CDD - 133.93

Índice para catálogo sistemático:
1. Histórias espíritas : 133.93

Sumário

Uma história 7
1. Um chefe guerreiro 9
2. O pigmeu 25
3. Um novo desafio 34
4. Nova encarnação na África 38
5. Um intrigante reencontro 47
6. O "grande" dia 69
7. Árduo trabalho 75
8. Minha sentença 86
9. Um império de lágrimas 97
10. De volta ao mundo dos espíritos 100
11. De volta à África 124
12. Em terras brasileiras 126
13. Um tempo bom 147
14. A origem de Vô Firmino 150

15. Juntos: o preto e o índio 157
16. Adeus ao Amigo Sol 160
17. O doutor espírita 162
18. Armadilhas da ambição 164
19. Amarga provação 167
20. Adeus, Vô! 176
21. A doença do senhor 179
22. Fim de mais uma jornada 189

Uma história

Todos nós temos uma história. Quando na carne, pensamos em nossa vida como sendo apenas a história do curto tempo de uma encarnação — um período de 60, 70, 90 anos; algumas vezes menos, outras um pouco mais. Hoje sei que cada existência faz parte de uma longa história, em que não se pode medir o tempo porque ele nunca tem fim. Melhor dizer que cada oportunidade na carne é um capítulo de um livro que não termina, porque objetiva o aprimoramento contínuo de suas páginas por meio de experiências e conhecimentos que o escritor deve adquirir ao longo de sua existência, seja através do sofrimento ou dos momentos de felicidade.

Tenho uma história para contar, e, embora ela possa parecer breve, na realidade não o é, pelo menos no que se refere ao tempo contado na Terra. Minha história remonta há tempos e tempos; soma-se à história do planeta. Acham que sou velho? Não se enganem, caros leitores, pois tão velha quanto eu é a humanidade, ou seja, cada um de vocês que neste momento lê estas páginas.

Sei que fui criado pelo Pai simples e ignorante. Ele me concedeu a inteligência a fim de que eu pudesse evoluir, e o livre-arbítrio para que fizesse escolhas e reconhecesse Nele o soberano Senhor de todas as coisas e criaturas. Sei ainda que Ele me criou como se eu fosse uma partícula de Si próprio, e, assim sendo, o bem que Nele existe também está dentro em mim. Quisera eu que antes o Pai jamais me tivesse feito tantas concessões!

Meu espírito iniciou sua trajetória na Terra. Na erraticidade, por algumas vezes, tive a oportunidade de conhecer outros locais habitados, vindo a saber que jamais em nenhum deles havia encarnado. Mas somente depois de muito sofrer é que pude enxergar melhor as belezas deste maravilhoso planeta e sua real importância no Universo.

O acesso às lembranças de nossas primeiras encarnações é tão difícil quanto o é chegar à purificação do espírito, ou melhor, à angelitude. Sabemos, por intermédio dos mentores e dos guardiões espirituais, que a humanidade teve, desde o início, assessoria para progredir e descobrir coisas que facilitariam a sua vida e, conseqüentemente, o seu progresso espiritual. A descoberta do fogo, do abrigo, das vestes, das ferramentas mais diversas, aconteceu graças à faculdade mediúnica que o homem possui desde os seus primórdios, posto que o sexto sentido faz parte de sua constituição orgânica. Isso é fato. No início, adorava-se a Deus reverenciando-se a natureza como força soberana, e a ela rendendo cultos. E reconhecer o Pai nas suas mais variadas formas de criação — no Sol, na terra, no fogo, no ar — é estar integrado às forças cósmicas mais sublimes.

E simples éramos nós, até que a ilusão nos perverteu.

Venho humildemente contar parte de minha história, já que toda ela nem mesmo eu a conheço. Agradeço a todos aqueles que por estas despretensiosas e singelas páginas se interessarem. Acima de tudo, agradeço ao magnânimo Pai, que me concedeu mais esta graça.

O Senhor seja louvado!

Pai Inácio

1
Um chefe guerreiro

Eu era o filho mais velho dos 20 filhos que meu pai colocou no mundo. Ele teve nove mulheres e era chefe de uma tribo africana extremamente arredia e de hábitos bastante particulares. Éramos exímios caçadores, além de agricultores, pecuaristas e ferreiros. Embora selvagens, dominávamos todas essas técnicas com maestria. Tamanho conhecimento nos legava independência, poder e muita prosperidade. Adorávamos e temíamos os deuses da natureza e prestávamos cultos aos nossos ancestrais. Tínhamos por certeza a continuidade da vida de nossos mortos em outro plano, pois a maioria de nós os via, por meio do fenômeno da vidência, e até chegava a lhes falar, em nossas horas mais difíceis.

Logo eu seria, em razão da avançada idade de meu pai, o novo chefe da tribo. Éramos polígamos, não apenas em minha tribo, mas em todas as demais. Nessa época, eu já contava com três esposas — número irrisório para um chefe —, e outras viriam a se somar a essas. Devo deixar claro que a minha primeira esposa não apenas era a predileta como contaria com privilégios depois que eu me tornasse chefe.

Tínhamos um líder espiritual que era também o responsável pela saúde da tribo: conhecedor do poder das plantas, curava os corpos e as almas. Era respeitado por todos, até mesmo pelo meu pai, que era o chefe geral da tribo. Sua palavra era a lei máxima; portanto, o chefe na realidade era mesmo ele. Ancião, não demonstrava cansaço nem dificuldade para executar suas tarefas. Viveria muitos anos ainda, pois o amparo dos deuses e dos ancestrais lhe facultava vida longa. Como eu muito o admirava, passava boa parte do tempo em sua sábia companhia. Aprendi muito com ele. Às vezes, nos embrenhávamos na mata para colher ervas curativas. Para cada uma havia um horário de colheita e a lua propícia. A natureza fornece a fonte para a cura e o homem, por intermédio dos mensageiros de Deus, adquire a sabedoria para bem utilizar esses recursos infinitos que são colocados à nossa disposição, gratuita e bondosamente.

A lida com as ervas exercia sobre mim um doce fascínio. Desde a colheita até sua aplicação, tudo para mim era mágico, belo e abençoado. O ancião sempre me dizia que, não fosse eu o sucessor de meu pai, certamente me tornaria forte candidato a sucedê-lo. Eu sorria e me orgulhava por tamanho elogio. Essa convivência me trouxe conhecimentos extras, ou seja, era eu o único caçador da tribo que sabia como lidar com as ervas e aplicá-las, em caso de necessidade durante as caçadas. Esse fato contribuía para que o respeito por mim aumentasse na tribo. Cada membro conhecia um pouco as ervas, mas dentro de um limite bem restrito. Eu, porém, conhecia tanto quanto o próprio ancião.

Até aqui só falei do meu lado bom, mas existe um outro obscuro. Todo ser humano possui duas metades, prevalecendo sempre aquela que mais alimentamos. Isso é fato. Infelizmente, à medida que o homem progride intelectualmente, pouco avança em moral pois a violência e os antigos pendores tendem a resistir em seu espírito, que se debate no afã da evolução, através de inúmeras encarnações. Foi assim comigo, e creiam, é assim com todos. O homem é um diamante rústico que precisa de muitas lapidações para que possa ganhar brilho. O único responsável por isso é ele próprio. Soubesse desde o início bem dispor dos recursos a ele emprestados para progredir, certamente estaria hoje em muito melhores condições físicas, espirituais e morais.

É com pesar que somos obrigados a reconhecer que utilizamos mal todo o bem que sempre nos chegou. O progresso trouxe consigo sentimentos destoantes do bem, como a ganância, a sede de poder, a vingança, a escravidão, a presunção e a arrogância. Por tudo isso, começamos a errar, e tanto que não paramos até hoje. A cada encarnação devemos nos despojar de algo ruim em nós. Esse é um processo lento porque o mal é muito grande.

Algumas civilizações, por conta da falta de progresso moral, sucumbiram, de nada adiantando o seu enorme conhecimento e o grande intelecto. A sabedoria e o amor são como duas asas que permitem a um corpo alçar vôo. Se essas duas asas não estiverem perfeitamente equilibradas, o vôo simplesmente não acontece. Sendo assim, bem podemos compreender as dificuldades desta sofrida humanidade.

Voltemos à minha história. Como líder dos caçadores da tribo, e chefe iminente, eu poderia ter sido menos cruel com os meus semelhantes. Talvez pudesse até ter influenciado melhor os meus subordinados, mas não foi isso que fiz. A crueldade estava impregnada em meu espírito. Por essa razão, eu era temido dentro e fora da tribo. Temido, respeitado, e principalmente muito odiado. Espalhados pelo meu corpo, eu exibia os meus troféus: peles e dentes de animais selvagens abatidos por mim. Era essa uma das maneiras pelas quais a minha presença intimidava aos outros. A quantidade desses troféus era imensa, maior do que qualquer um poderia alcançar. Eu era grande, imbatível. Não havia ninguém que ousasse me desafiar em minhas habilidades.

Pelas minhas andanças, escravizei cruelmente um grande número de pessoas. Delas dispus como se fossem objetos, ora de preço vulgar, ora de grande valor, segundo seus portes e habilidades. O que eu pensava ao fazer isso? A resposta é simples: eu não pensava. De um lado, agia por puro instinto; de outro, com gana de acumular cada vez mais poder e prestígio. Agradava-me ver o povo aos meus pés. Durante as guerras que travávamos com outras tribos, na maioria das vezes mais fracas que a nossa, espalhávamos terror e indignação. Separávamos famílias, tomávamos mulheres jovens pelo simples desejo de satisfazer nossos instintos de bárbaros e cruéis, abandonando-as à sua própria sorte, logo após. Quando pensávamos em nossos prováveis filhos bastardos, o riso corria solto como se o fato fosse algo muito positivo. Mal sabíamos quão caro pagaríamos por isso.

Nossas festas religiosas obedeciam a rituais que, nos dias de hoje, indignariam até o mais cruel dos homens. A primeira parte era tranqüila: um culto aos ancestrais, com todo respeito e um culto às divindades da natureza, com toda fé. Mas, quando a lua cheia já estava alta, então começavam os sacrifícios às forças que regiam o nosso lado obscuro. Essas forças nos protegiam da influência das mesmas forças que as outras tribos possuíam. Sem essa magia, seríamos presa fácil ao inimigo. Baixa magia ou magia negra, como queiram — era assim que encerrávamos os rituais. Os membros comuns da tribo não participavam do círculo ritualístico de baixa magia, somente os mais velhos e os chefes. Quanto maior o sacrifício oferecido, maiores seriam nosso poder e nosso domínio sobre outras tribos. Entreguei muitos escravos feitos por mim ao ritual. Sobre pedras frias, no meio da selva úmida pelo orvalho da madrugada, vi muito sangue correr em sacrifício, em prol de minha ganância de sempre querer mais e mais. Não vou citar todas as crueldades das quais participei por respeito à sensibilidade do leitor amigo e pela minha dificuldade emocional, ao rever tais lembranças.Meus irmãos, ninguém é coitado! Ninguém sofre sem merecer, sem violar as leis do Pai Criador, ninguém. O nosso poder mágico era tanto que, nos dias imediatos aos dos rituais, sempre acontecia algo de muito bom na comunidade. Esses acontecimentos nos davam a certeza de que a magia fora aceita pela espiritualidade. Nosso ego se inflava, naturalmente. Certo é que aquilo que é bom para um pode não ser para outro. Na visão que tínhamos naquela época, bom para nós era tudo o que nos garantia comida farta, saúde, proteção contra ataques de outras tribos e das feras selvagens, e assim por diante. Para sermos coroados com todas essas bênçãos, não nos importávamos se nossa magia atingia cruelmente outras tribos. Muitas vezes, o resultado de nossas magias eram: vastos incêndios e a perda da lavoura, doenças não identificadas pelos curandeiros, pragas e outras conseqüências.

    Quando, porém, nos deparávamos com forças semelhantes às nossas, imediatamente fazíamos pactos sangrentos com os espíritos envolvidos, em que participavam tanto alguns membros de nossa tribo como da tribo em questão. Selavam-se, com o sangue e o sofrimento de irmãos nossos, pactos que nem sei como descrever tal o alto teor das brutalidades. É indispensável comentar a dimensão do comprometimento que acumulei nessa ocasião, tanto com os irmãos que estavam na carne como com os que não estavam, sem esquecer daqueles que escravizei e entreguei em sacrifício, e de outros a quem maltratei. Preciso confessar que minha crueldade também se fez presente entre os animais, criaturas indefesas perante o homem, contra as quais cometi uma série de delitos.

Resumindo a nossa religiosidade: éramos feiticeiros de alto poder mágico. De vez em quando, ou melhor, umas duas ou três vezes ao ano, recebíamos magos de outras tribos simpáticas à nossa para acertar pactos feitos. Toda a magia era feita por meio da telepatia; portanto, quando o encontro com esses outros magos acontecia, as palavras eram desnecessárias. Na ocasião, falava-se muito pouco, mesmo porque quem promovia esses encontros era a própria espiritualidade. Eles sempre aconteciam em nossa tribo, afinal a nossa magia era a mais poderosa por aqueles lados.

Todos sabemos, de alguma forma, que tudo tem começo, meio e fim. Sabemos ainda que o ser humano costuma iludir-se de muitas maneiras, e que quem julga tudo saber, tudo poder, na verdade muito pouco sabe e quase nada pode. A ilusão, a vaidade e a presunção são como vendas nos olhos: quando são retiradas pela imposição da justa Lei Divina, o que resta é amargar dores que, de tão fortes, têm de vir aos poucos; do contrário, certamente sucumbe-se tão cedo que mal se tem tempo de optar por novos caminhos. Assim é a reencarnação. É a bondade de Deus para conosco, dando-nos sempre e sempre mais uma chance; permitindo que, em cada encarnação, nosso tão endividado espírito se despoje do mal, para depois recomeçar mais uma vez. Graças a Deus por isso, senão o que seria de nós?

Devo esclarecer que tudo o que anteriormente citei era encarado por nós como atitudes absolutamente normais. Naquela época, éramos mais selvagens do que hoje ainda é o ser humano. Não conhecíamos Deus como nos dias atuais. Não quero com isso justificar nossas crueldades; meu objetivo é esclarecer que a humanidade, ao longo de sua trajetória, agia segundo seu amadurecimento e suas necessidades, e com os recursos de que dispunha. Cada agrupamento humano sobre a Terra evoluiu de forma gradativa, obedecendo sempre às leis divinas, mesmo sem saber. O problema é que, à medida que o homem vai despertando o seu lado consciente, ainda persiste no mal, nele se comprazendo.

Minha primeira grande frustração, e abatimento de meu

superego, se deram com o desencarne de meu pai. A espiritualidade nos advertia que seria um desenlace doloroso, e que nós, mesmo sendo potentes magos, nada poderíamos fazer para evitá-lo. Fiquei confuso, revoltado. Procurei nosso chefe espiritual, enlouquecido pela raiva, e pacientemente ele me disse:

— Compreendo sua dor, sua frustração, porém esse é o caminho determinado pelos espíritos para que ele chegue melhor ao outro lado. Existem coisas que não conseguimos entender nem aceitar, mas se foi permitido que esse mal afetasse seu pai, certamente ele é justo. Os espíritos sabem e podem muito mais do que nós, meu guerreiro (era assim que o ancião me chamava). Se você não dominar os seus sentimentos, eles o farão sofrer ainda mais. Trate de se conter e pedir aos ancestrais que o ajudem nesta hora difícil. Parece que você esqueceu que todos nós somos mortais e que a continuidade da vida está em outro plano.

Nossa conversa durou horas. Pela primeira vez naquela existência tive de me resignar. Foi muito difícil.

Meu pai passou a definhar, dia após dia. Em vão foram todos os meus apelos à espiritualidade, todo o meu conhecimento acerca das ervas curativas. Preparei todos os ungüentos, todos os chás, todos os bálsamos que conhecia mas nenhum resultado surtia. A resignação e a raiva, ao mesmo tempo, ganhavam terreno em meu coração cruel, que naquele momento tornara-se tão frágil quanto um delicado cristal que pode se quebrar com o simples soar de uma voz mais aguda. Este foi o meu primeiro sofrimento real: sentir-me impotente diante das leis, coisa que eu desconhecia.

E lá se foi o meu pai: viveria agora no mundo dos espíritos, faria parte de nosso culto aos ancestrais. Não pude fazer nada, a não ser aceitar. Sofri como nunca pensara que pudesse sofrer. Ainda assim, eu levaria muito tempo até que meu selvagem coração fosse domado. Esse foi apenas um de meus primeiros momentos de despertamento consciencial.

Passado o ritual fúnebre, os anciões se reuniram para marcar o dia de minha posse como grande chefe da tribo. Uma parte de mim sentia orgulho e alegria, outra tristeza e revolta. Jurei ao meu pai, por pensamento, que defenderia sua tribo a qualquer preço ou sacrifício. Jurei que sempre seríamos prósperos e vencedores. Jurei que ampararia suas viúvas, como se todas tivessem sido minha mãe. Jurei fidelidade a todos os seus ensinamentos. E assim, de forma particular e profundamente sincera, fiz os meus votos. Uma festança barulhenta e alegre seguiu-se à cerimônia em que todos me reverenciavam. Minhas esposas estavam radiantes, orgulhosas e altivas, tanto quanto eu. Nessa época, eu já desposara sete mulheres, que me haviam dado quatro filhos do sexo masculino, o que entorpecia meu ego, pois minha soberania seria mantida. Tudo corria de forma que eu, apesar da morte de meu pai, me sentia forte e soberano. Vivi assim, desfrutando de todos os louros, até nova tragédia. Eu, minhas esposas e meus filhos vivíamos juntos sob o mesmo teto. Aquelas que ainda não haviam dado a luz auxiliavam as outras no trato com as crianças. Melhor esclarecendo: em nossa tribo, filho de uma era filho de todas (isso não apenas em relação a minhas esposas, mas a todas as mulheres da tribo). As crianças eram prioridade, e dispunham de um verdadeiro exército de mães. Ocorre que minha primeira esposa, a predileta, até então não me havia dado um filho, e isso me intrigava. Recorri às ervas, aos espíritos, e nada! Nem mesmo a espiritualidade respondia aos meus apelos por esclarecimento. Então, mais uma vez, senti a minha confiança se abalar. Intrigado, conversei com todos os anciões da tribo, e, assim como acontecera com meu pai, não havia uma resposta clara e convincente quanto ao que poderia ser feito para que ela gerasse filhos meus. Eu sentia como se os espíritos tivessem me abandonado de novo, e a revolta encheu o meu peito. A pergunta que me assombrava e quase me enlouquecia era: por quê?

Mesmo sendo o novo chefe, continuava a liderar as caçadas, tanto de animais quanto de novos escravos, que muito nos eram úteis e lucrativos. No dia anterior ao de nossa partida, estava reunido com minhas esposas e meus filhos quando decidi tomar minha sétima esposa, a mais jovem e fogosa, por fêmea naquela noite. Era assim que o relacionamento sexual acontecia: cada noite eu escolhia uma delas para me servir; as outras respeitavam e se retiravam de meu espaço particular, no grande refúgio onde vivíamos. Estávamos felizes e sorridentes, quando um pensamento passou pela minha mente. Levantei-me rapidamente, ordenei à mulher que dali não saísse e fui conferir. O silêncio na tribo tinha pulsação. Comecei a suar frio, sem entender por quê.

Tal qual fera que analisa o terreno antes de atacar, assim fui em busca de algo que não imaginava o que seria. Vasculhei cada metro da tribo, até que ouvi vozes sussurrando:
— Tomou o chá hoje?
— Sim. Desde que você me ensinou, tenho tomado diariamente. Nunca se sabe quando ele vai me escolher, então resolvi tomá-lo todos os dias.
— Não. Não é para ser assim. Só deve tomá-lo quando se deitar comigo ou com ele. Do contrário, a erva pode torná-la estéril. Preste atenção, do jeito que você está usando, pode nunca ser mãe nesta vida.
— Se não posso ter um filho seu, não quero filho de mais ninguém. Nem dele, que é o todo-poderoso.

Ao fim dessa frase, eu já tinha reconhecido a voz dos locutores que me traíam: minha esposa predileta e um de meus irmãos. Eram eles quem me apunhalavam pelas costas.

Qual fera, urrando de dor, me lancei sobre os dois. Matei meu irmão. Quanto a ela, a preferida de meu coração, eu a expus no meio da tribo, contando a todos o ocorrido. Ordenei sem titubear que seus seios fossem arrancados sob as vistas de todos. Que servisse de exemplo para as outras, e que ela, a traidora, mesmo que se tornasse mãe um dia, jamais pudesse alimentar seu filho. Feito isso, expulsei-a de nossa tribo, entreguei-a de volta à floresta, de onde eu jamais deveria tê-la tirado. Reunido com os anciões, perguntei, enfurecido, por que não me advertiram quanto à traição de meu irmão e de minha primeira mulher. Acaso os espíritos me haviam abandonado? Esbravejei por longo tempo, sem ser interrompido. Os anciões apenas ouviam, sem nada responder, até que nosso chefe espiritual, de forma branda, porém severa, ordenou que eu me calasse. Relutei por alguns instantes e ele então fez valer sua autoridade, levantando-se e dirigindo a mim um olhar que colocaria qualquer um fora de combate. Então calei-me.

— Guerreiro, nenhum espírito é nosso serviçal. O intercâmbio que temos com eles em muito nos ajuda, mas é bom que você saiba, e já está começando a descobrir, que nem sempre eles podem atuar e tudo fazer. Existem questões que devemos enfrentar por nós mesmos; armadilhas que devemos aprender a evitar e identificar com sabedoria. Quanto mais velhos ficamos, mais conscientes dessa realidade nos tornamos. Sabe por quê? Porque experienciamos a vida e suas dores. Aprendemos que acima de nossa vontade existe um poder maior que às vezes nos foge ao controle. Você mesmo, quantas vezes precisou de nossa orientação? Você não se lembra, mas sempre o alertamos que quando se tornasse chefe as provas viriam mais fortes, na exata proporção de seu poder. Testes que iriam validar a sua chefia. Nesta primeira prova você falhou: tomou decisões impulsivas e derramou o sangue de seus ancestrais. Não adianta perguntar agora o que deveria ter feito diante da traição, porque já fez tudo conforme sua vontade e seu poder. Nada discutiremos. Saiba apenas que terá direito de errar mais duas vezes. Depois, se você cair, será relegado a um lugar comum na tribo. Isto se a espiritualidade não decidir tomar de vez a sua vida. Não podemos prever. Sei que está confuso. Você não meditou sobre a atuação dos espíritos em nossa vida, é por isso que tornou-se rebelde. Confesso que também eu falhei por não ter identificado em seu espírito tanta vaidade e orgulho. Se não se render, filho, o sofrimento será muito maior. Chefe não é soberano, senhor de escravos. É pai protetor e servo, quando necessário.

Por meses, em meus sonhos, revi o olhar de meu irmão nos breves instantes que antecederam sua morte. Os gritos de dor de minha esposa predileta, sangrando no centro de nossa tribo, ressoavam nos meus ouvidos. Via os rostos das pessoas vendo aquelas cenas, horrorizadas; algumas sem olhar porque não suportavam a crueldade. Convivi com esse inferno em vida durante um bom tempo.

O poder me corrompeu, acentuou ainda mais a minha crueldade. A crença nos espíritos diminuiu. Passei a acreditar mais em mim mesmo do que neles. Foi então que a prosperidade começou a nos abandonar. Muitos membros da tribo caíram doentes ao mesmo tempo. Inutilmente utilizamos todo o nosso conhecimento de cura. E nada! Mais uma vez me revoltei e, dessa feita, fui mais longe do que eu próprio poderia um dia ter imaginado. Entreguei minha vida num pacto de sangue com os espíritos do mal. Eu os obedeceria dali em diante e eles me devolveriam a prosperidade, o poder absoluto e tudo o mais que eu desejasse. Fazia parte do trato a minha união a eles, depois de minha morte.

Só um alienado, alguém totalmente cego, poderia ter agido assim, mas a dor eu não aceitei, a soberania dos espíritos sobre a minha vontade eu repudiei, o gosto do poder e da força, do domínio sobre os outros, tornara-se para mim a razão de viver. Nada nem ninguém, entre o céu e a Terra, me destruiriam ou ousariam me derrubar. Foi pensando assim que apelei como último recurso aos magos negros do plano espiritual. Não me dei conta de que, naquele momento, estava selando a minha própria escravatura por tempo indeterminado. A cegueira pelo poder não permitia que eu raciocinasse, e o contato com os espíritos malignos me deixava como que hipnotizado, pois era de seu interesse atrair para o seu bando alguém como eu. A partir dali, unidos a mim, praticariam os mais vis desejos.

Cientes da situação, os anciões da tribo só podiam lamentar o fato, muito pouco podendo fazer para reverter esse quadro. Tentaram, mas obviamente não lograram êxito. E tudo voltou a ser como antes. Os doentes foram curados, e eu passei a reinar soberano sobre meu povo e sobre toda a região vizinha. A prosperidade retornara à nossa tribo, tudo como eu queria. Mais uma vez fui chamado pelos anciões. Eles me advertiram sobre o perigo que eu estava correndo, estando unido aos magos negros do Astral, bem como sobre o perigo que toda a tribo corria por causa daquele pacto. Mas não dei ouvidos, e então lamentaram profundamente o fato de já não poderem me influenciar no bem. Eu estava definitivamente perdido. Somente bem mais tarde, no plano espiritual, é que eu entenderia isso, intimamente. Por ora, tudo o que eu conseguia ver era a mim mesmo. Tristes, decepcionados e feridos pela minha ingratidão e arrogância, os anciões decidiram o seguinte: sairiam da tribo com alguns homens, mulheres e crianças que os quisessem acompanhar. Bem longe dali, formariam uma nova comunidade, onde o mal não fosse amo e senhor.

Para grande surpresa de todos, não retruquei a decisão. Disse apenas que poderiam sair quando quisessem, não haveriam de me fazer falta alguma, em nenhum sentido. Vi lágrimas correrem na face do nosso líder espiritual, aquele mesmo que tanto me havia ensinado sobre os segredos das ervas e de suas aplicações, entre tantas outras coisas boas da vida. Mesmo assim não me comovi, pois achava que eles estavam me afrontando. Decidi então mostrar que eu era o senhor absoluto da tribo, que os espíritos que eles adoravam só me haviam feito sofrer e, por fim, me abandonaram. Os espíritos que realmente me satisfaziam e me ajudavam eram os magos negros; a eles sim eu devia obediência agora, pois me davam tudo o que eu mais queria. Isto sim era ajuda! Alguns dias se passaram, até que, numa bela manhã de primavera, vi reunidos no centro da tribo os anciões e boa parte dos membros da comunidade que eu orgulhosamente julgava minha, carregando somente alguns bens materiais. O que eu não tinha previsto é que também levassem consigo o pouco bem que ainda restava em mim. Nunca mais eu esqueceria, enquanto vivesse, o olhar amoroso e triste daquele que havia sido meu mestre, meu guia espiritual, meu conselheiro, um pai. Rapidamente afastei a emoção e segui em frente, dizendo a todos que, se assim desejavam, então que se retirassem logo e nunca mais, sob pretexto algum, retornassem à tribo.

Reuni o que havia sobrado da comunidade e deleguei a alguns mais velhos o lugar daqueles que foram embora. Quanto à liderança espiritual, decidi que esta seria minha também por direito, uma vez que de magia eu entendia muito bem. Além do mais, os magos estariam a nosso favor e fariam a tribo aumentar em dobro, não fazendo a menor diferença se alguns ingratos tivessem ido embora. Eles teriam o que mereciam, passariam fome, sede, perigo; tudo de ruim haveria de lhes acontecer. Era isso que minha mente idealizava quando da partida daqueles membros, outrora tão caros de meu coração.

E o tempo foi passando, os magos se tornando mais exigentes a cada reunião. Eu estava encontrando dificuldades em atender a todos os seus pedidos. Não percebia, mas o cerco à minha volta estava se fechando. Agora, satisfeitos em muitos de seus desejos, queriam a mim e tinham esse direito. Fui ficando apavorado. Acho que foi então que despertei para a forma como havia arruinado a minha vida. Tarde demais!

Vi a doença incontrolável se espalhar pelo que restara da tribo que um dia me havia feito rei. Minhas mulheres, míseras coitadas, definhavam, vítimas de uma febre que nada controlava; meus filhos sentiam fome e sede em razão de uma seca inexplicável que nos acometeu, destruindo o alimento e secando os rios.

Faltava-nos forças para ir buscar caça em outros lugares, pois a debilidade tomou conta de todos. Além disso tudo, a cobrança dos magos era cada vez maior, e de nada adiantava explicar a situação. Desesperado e enfurecido mais uma vez, só que dessa feita sem ter a quem recorrer, implorei, enlouquecido:

—Tomem, eu me entrego! Levem a mim e deixem que o restante de meu povo viva em paz.

Imperou o silêncio, o medo, o pavor. As cobranças e reuniões cessaram. A situação transcorria com uma calma aparente, pois havia uma tensão no ar que eu não sabia explicar. Tinha a impressão de que, quando menos esperasse, eu viria o golpe fatal. Era como se uma fera estivesse à minha espreita, aguardando o melhor momento para me devorar. Tal qual caça, passei a me esconder, noite e dia, do temido caçador, como se isso fosse possível.

Em meio à aparente calmaria, eis que chegou a fatídica noite. Gritos, correria, fogo. A próspera tribo, da qual eu tanto me orgulhava, ardia agora em chamas tão altas que mal se via o céu. Embora corressem, tentando se salvar, as pessoas não conseguiam sair daquele cerco. Era como se houvesse um muro alto cercando a todos. Eu sabia que era uma linha imaginária, mas sabia também que dali ninguém poderia escapar, e o responsável por toda aquela dor e tragédia era eu. Sufocado pela fumaça, oriunda de gente, de palha e de tudo o mais, semiconsciente, visualizei, além das chamas, o grupo de anciões que eu tanto amava e que, por extremo orgulho, eu havia permitido que se fosse. Em meio ao meu devaneio, desfeita a visão dos anciões, marcante me veio a derradeira sentença. Antes que caísse sobre minha cabeça, revi, com os olhos d'alma, o olhar amoroso e triste daquele a quem traí e que com amor e bondade tudo me havia ensinado. Aquele olhar, de meu bom líder e mestre espiritual, foi para mim naquele instante o bálsamo, o romper de um novo dia, a esperança.

Levei comigo naquela encarnação muitos irmãos. Certamente não havia inocentes. O que houve entre nós foi a união que não provê frutos, movida pelo orgulho, pelo egoísmo, pelo egocentrismo, pela vaidade que nos faz sentir que somos melhores do que os outros, desprezando, dessa forma, criaturas, filhas do mesmo Pai.

Essa foi a paga que tivemos pelos nossos erros. Morremos unidos, sufocados, devorados pelas chamas cruéis da nossa própria tirania, e principalmente pela minha total cegueira e submissão ao mal que ilusoriamente deixei que me conduzisse. A ilusão do poder é chaga que devora, é luz que se apaga, é alma que murmura e amarga dores atrozes de agonia, sem nem mesmo poder, em meio à sua dor, compreender a extensão do erro e do mal que causou.

Minha morte se deu na mesma intensidade da dor e da agonia a que eu havia submetido tantas criaturas. O fator mais agravante foi, sem dúvida, o pacto que tinha feito com os magos negros para garantir poder e prosperidade. Do outro lado da vida, fui escravizado por eles e usado nos mais torpes trabalhos de vampirização e torturas mentais, entre os encarnados que nos permitiam o acesso, sugando-lhes as forças e conduzindo-lhes as vontades com facilidade.

Éramos um grupo grande de malfeitores e nos aproximávamos daqueles que a nós recorriam com promessas de sangue. Esse era o combustível que nos movia e fascinava. O sangue derramado como paga pelo nosso trabalho era disputado gota a gota, vorazmente. Aliás, onde houvesse esse líquido precioso, lá estávamos, fosse como paga, fosse na matança da caça, tanto fazia sangue humano ou não.

Não sei precisar por quanto tempo vivi nessa situação até ser capturado por outro bando. Meus comparsas não moveram um dedo para me ajudar; ao contrário, riam sarcasticamente da minha nova condição. Fui torturado, perseguido, humilhado, abandonado em escuros vales, dos quais eu não conseguia sair. Entre os meus perseguidores e torturadores, estavam muitos conhecidos da época de encarnado. Mesmo sofrendo, eu não me rendia ao bem. Meu espírito clamava por vingança, ódio. Foi nessa atitude mental malfeitora que reuni alguns outros, nas mesmas condições que eu, e passamos a travar batalhas uns contra os outros. Nada aplacava a nossa sede. Passamos a investir contra os encarnados que, como já disse, nos permitiam o acesso em virtude da maldade de seus corações. De vez em quando, éramos pegos e presos. Por quanto tempo, não faço a mínima idéia. Só sei dizer que as prisões nas quais nos mantinham eram cheias de dor, de lamento, enfim, de tudo o que de pior pode haver na mente humana. Às vezes, luzes brilhantes apareciam e levavam um ou outro. Eu não entendia o que significava aquilo, e também não adiantava perguntar a ninguém, pois todos ali eram alienados. O que nos liberava dessas prisões era o chamamento dos encarnados que vibravam na mesma sintonia que nós, ou seja, quando nos chamavam de volta para atuar no mal. Toda vez que isso acontecia, éramos liberados para atender ao encarnado que, assim como nós, era prisioneiro do mal que mentalizava. De ilusão em ilusão, vivíamos no plano espiritual. A cegueira era total. Acreditávamos que aquilo fosse vida. Sofríamos sem entender que havia a vida verdadeira em outra dimensão, aquela dos que vibram no bem. Nem de longe podíamos cogitar tal alento por causa da total entrega no mal. Até aquelas luzes passaram a me intrigar. Vez ou outra, eu as via e podia perceber que alguns eram levados por elas. Mas para onde? Seria para algum lugar onde o poder era absoluto? Seria para algum cargo de chefia com honras e pompas, como sempre me agradou? Ah! Talvez fosse um lugar onde se pudesse ter muitas esposas, caça, fartura e, logicamente, poder. Do jeito que as luzes brilhavam, só podia ser uma coisa muito boa. Bem, se fosse isso, eu também queria que elas me levassem, afinal era um chefe poderoso, um guerreiro, um caçador. Se alguém merecia ser levado por elas, esse alguém era eu. Então resolvi perguntar, investigar. Começaria por aqueles que tinham mais experiência entre nossos grupos, muito embora todos fossem de poucas palavras e muito pouco amigáveis. Seria difícil estabelecer um contato. Mesmo assim, estava decidido a verificar e haveria de descobrir para onde as luzes levavam as pessoas.

    Comecei minha busca sem sucesso, embora já imaginasse que seria assim. Decidi não desanimar, mesmo porque eu era muito teimoso. Por conta dessa investigação, passei a atuar menos com meus parceiros, dedicando a maior parte do meu tempo na busca de uma explicação sobre aquela estranha luminosidade. Estava difícil. Fui em frente, mas... nada! Quando o cansaço estava quase me vencendo, eis que ela apareceu. Corri o mais que pude em sua direção, gritando, acenando, e observei que alguns dos mais bárbaros entre nós estavam sendo levados. Aí é que fiquei ainda mais intrigado, inconformado mesmo, por não descobrir o que afinal significavam aquelas luzes. Resolvi perguntar a todos os que me apareciam pela frente, e nada. Cansado, mas não vencido, decidi me unir ao bando por mais algum tempo, pelo menos até que uma boa idéia me chegasse à mente e eu conseguisse finalmente desvendar o mistério. Cheguei então em uma aldeia que me parecia familiar. Estávamos sendo chamados para trabalhar em um caso de desmanche de magia. Éramos bons nisso, pois só feiticeiro conhece feiticeiro, e, se a tribo fosse merecedora do desmanche, nossos superiores nos autorizariam a tomar como escravos os espíritos responsáveis pela magia que afligia e subjugava a tribo.

Muito bem. Chegamos. Recebi orientação quanto à minha tarefa. Estava pronto para executá-la quando, para minha surpresa, avistei novamente aquela luz ofuscante. Admirado, desviei a atenção em busca da resposta que tanto procurava. A luz aumentou de tamanho; tornou-se tão intensa que quase cegava. Ouvi gritos de repreensão atrás de mim, vozes de comando que me chamavam para trabalhar, mas eu nada desejava a não ser desvendar aquele mistério. Ouvi ameaças, senti espetos me ferindo, fogo me queimando; ainda assim não consegui desviar minha concentração. Eu queria saber sobre as luzes, o resto que esperasse.

Foi assim, perseverando e sem me intimidar, que desvendei aquele mistério. No centro da luz que eu via, quando foquei decididamente a minha visão, pude observar quem nela se escondia: era meu bom anjo guardião, aquele bondoso e velho ancião que um dia desprezei e que tudo me havia ensinado. Palavras me faltam neste momento para que eu possa descrever o alívio, o conforto e o bem-estar que senti ao rever e ouvir tão bom amigo. Ele me disse coisas que eu já sabia e que havia esquecido. Fez brotar novamente em meu imperfeito e endividado espírito algo de bom, que toda criatura guarda no seu íntimo. Depois de vagar e sofrer, ele veio me lembrar que era possível recomeçar, acertando aos poucos. Valorizou meu lado bom, renovou as minhas forças benignas, até então enterradas num escuro recanto de mim mesmo. Trouxe enfim a luz que eu tanto buscava e que vivia dentro de mim. Refeito, sofrido, decidi recomeçar, consciente de que seria com muita dificuldade, já que o mal por mim gerado (a mim mesmo e aos outros) era imenso. Seriam necessários alguns recomeços. Eu estava consciente disso. Dali em diante, eu deveria me esforçar para reverter em bem todo o mal que havia feito, tanto na carne quanto fora dela.

É, meus irmãos, minha dívida para com Deus era enorme, mas meu objetivo era a evolução. Toda criatura, cedo ou tarde, deve retomar o caminho que a leva a Deus — desse abençoado destino ninguém foge. O caminho de volta é estreito, áspero, doloroso, proporcional ao mal que se desencadeou na vida dos semelhantes.

Por três vezes tentei retornar à carne, sem sucesso, tendo sido abortado. Pacientemente, reconhecendo a dificuldade que qualquer criatura teria em me receber no ventre, continuei perseverando, porque os abortos já faziam parte da lapidação de meu espírito, que muito ainda haveria de sofrer. Essa é a Lei. Tentei então pela quarta vez, rompendo com parte de meu orgulho, pois reencarnaria em uma tribo de constituição frágil, em todos os sentidos. Isolada na selva, com conhecimentos limitados, seus integrantes eram fisicamente prejudicados pela baixa estatura. Mas eu sentia que seria aceito, como realmente fui, graças a Deus!

2
O pigmeu

Imerso novamente na carne, meu pobre espírito logo recomeçou enfrentando dificuldades. Meu parto foi difícil, culminando na morte da criatura que aceitara me receber como filho. Soube muito mais tarde quem era aquela alma generosa que, apesar de todo o mal que eu lhe havia feito, tinha muito amor por mim, pobre diabo. Muito bem. Lá estava eu, tentando mais uma vez. Desde tenra idade, como não poderia deixar de ser, já me destacava na tribo: dava ordens, queria a todo custo sair para caçar com os adultos, fazia gracejos para as mulheres mais belas, era uma criança extremamente ativa e esperta, o que aguçava a curiosidade de todos. Apesar disso, era visto com precaução porque minha mãe havia morrido ao me dar à luz. Meu pai era pacato e não gozava de privilégios na tribo. Meus irmãos eram desengonçados, riam à toa, razão pela qual me irritavam constantemente. Enfim, eu me sentia deslocado naquele ambiente, sem fazer a mínima idéia do por quê.

Era uma tribo tão primitiva que ainda praticava o canibalismo; eu era o único a não aceitar, não porque fosse bonzinho ou superior às outras criaturas, mas porque tal hábito já não fazia parte dos arquivos de minha memória. Na adolescência tentei fazê-los entender que não havia necessidade de continuar a praticar o canibalismo, uma vez que a caça era farta e a natureza exuberante. Desconfiados, levaram algum tempo para concordar. Como eu era muito diferente deles, me tratavam com certa reserva.

Todo espírito que retorna à carne traz registrado em seu inconsciente os conhecimentos adquiridos ao longo de suas encarnações pregressas. Por essa razão, me destaquei na tribo. Aos poucos, fui me relembrando do que já conhecia muito bem, a exemplo do manejo das ervas. Dessa vez, tive como mestre o curandeiro da tribo, que não gozava de nenhum previlégio. Talvez essa diferença tenha sido providencial para mim. Se assim não fosse, seria gatilho para fazer disparar o velho orgulho e a soberba em meu sofrido espírito. Rapidamente aprendi a lidar com as ervas. Os resultados que eu vinha obtendo eram fantásticos. Por esse motivo, conquistei o respeito de toda a comunidade, inclusive do próprio curandeiro, que passou a aprender comigo. Essa minha habilidade, embora tenha contribuído para que todos passassem a me respeitar, aos poucos foi se tornando motivo de mais desconfiança. Os homens começaram a perceber que realmente eu era muito diferente deles e que os fatos que comigo ocorriam eram anormais. Foi então que a abençoada espiritualidade interveio, e quando os líderes estavam prestes a me conceder posição de destaque e poder dentro da comunidade — concessão que seria a minha ruína —, os espíritos envolvidos com a minha reencarnação, intercederam durante uma sessão espiritual entre os líderes, para que desistissem de me elevar mais uma vez.

Conforme avança nossa idade cronológica na carne, vão se acentuando as nossas características espirituais. Por isso, é muito importante, para um espírito endurecido e endividado, como era o meu caso, que o meio em que reencarne ofereça condições de progresso. Convivendo com aquela comunidade mais simples, reaprendi muito. Os limites para mim, vivendo ali, quase me sufocavam, pois dentro de mim o velho guerreiro, o caçador, o tirano, ardia feito fogo quando queima a carne. Essa sensação ainda era muito forte e presente em minha vida, mas eu não entendia o motivo.

Os conhecimentos arquivados em minha memória espiritual em muito colaboraram para o bem-estar da tribo: desenvolvi técnicas de plantio, colheita e caça tão eficazes que o canibalismo foi banido em definitivo. Orgulhoso pelo meu trabalho, passei a reivindicar junto aos líderes uma melhor posição, mas não recebi resposta imediata. Teria de esperar. A resignação estava longe de ser o meu forte, e dessa forma achei que deveria pressionar os detentores do poder dentro da comunidade, afinal de contas eu era o melhor em tudo. Até como procriador eu me destacava entre os outros, pois os meus filhos eram mais espertos, mais fortes e belos do que os filhos dos outros. Isso não era corujice não; era fato! O que eu não sabia era que a espiritualidade impedia os líderes de me promoverem. Medrosos que eram, obedeciam os espíritos sem questionar. E faziam muito bem. Não sei ao certo com quantos anos eu contava quando me rebelei. Sei apenas que já era adulto e tinha 13 filhos. Pressionados, decidiram que eu estava autorizado a participar das reuniões espirituais. Desse modo, eu poderia entender as razões pelas quais eles não me promoviam.

A partir desse esclarecimento, meu sono nunca mais foi o mesmo. Cenas de minha vida passada começaram a brotar em sonho. Tive medo, sentimento até então desconhecido pelo meu espírito. A misericórdia divina tinha sido tão grande comigo nessa encarnação que, até aquele momento de minha existência, eu ainda não havia cometido uma atrocidade sequer, embora desejasse, em meu íntimo, maltratar uns e outros da tribo que de quando em vez me desafiavam por qualquer motivo. O que me impedia de agir era a própria organização ali mantida. Entre os membros da tribo, a maldade de uns para com os outros não era tolerada. Se viesse a acontecer alguma agressão, pequena que fosse, o agressor pagava com a vida, sendo entregue aos abutres. Logicamente eu não me atreveria.

Apesar de minha força e inteligência, os líderes não me autorizavam a participar dos confrontos que aconteciam de tempos em tempos com outras tribos. Essa também era uma orientação que a espiritualidade havia lhes dado e que me deixava quase louco de raiva. Eu estava entediado; queria muito participar; sabia que seria um bravo guerreiro; tinha gana de sair junto com eles para a guerra, mas era sempre impedido, até sob fortes ameaças. O jeito era aceitar. Não tinha como desobedecer as ordens dos líderes, mesmo porque, se eu ousasse enfrentá-los, os outros guerreiros certamente dariam cabo de mim.

Todas essas limitações me auxiliaram muito espiritualmente. Na carne, a revolta começou a brotar, mas meu espírito certamente era grato por todo aquele auxílio providencial. Chegou então o momento de participar pelo menos de alguma coisa importante: a reunião espiritual dos líderes tribais. Vibrei, num misto de alegria e medo. Vieram povoar meus pensamentos as imagens de meus sonhos, e senti calafrios. Quase pedi para desistir de participar. Ah! Mas se eu fizesse isso seria covardia, e covarde eu não era. Enfrentaria. Afinal, nada de mais excitante havia para ser feito por ali.

Marcado o dia, esperei com ansiedade. Sentimentos começavam a se misturar dentro de mim, sem que eu pudesse compreendê-los. No auge desse turbilhão, resolvi conversar com um dos líderes, cuja resposta foi curta e grossa, como de costume: deveria esperar e colocar da melhor forma possível meus sentimentos em seus devidos lugares. Não entendi, mas tive de aceitar. Lá, as coisas funcionavam assim. Para mim, era difícil aceitar tudo o tempo todo; só que não tinha outra opção. Na ocasião, meu cérebro era limitado, e conseqüentemente minha mediunidade também o era — outra graça de Deus. Por essa razão, as sugestões malévolas que porventura me fariam agir de outra forma, eram bloqueadas diante daquelas circunstâncias. O único canal de acesso que essas sugestões tinham eram os meus sentimentos. Mesmo assim, em razão de tantas limitações, eu não conseguia compreendê-los; minha única reação era um mal-estar, uma vontade de fugir para outro lugar, mas para onde? Por vezes, em meio às crises, eu chegava a chorar, e, quando isso acontecia, eu me sentia totalmente estranho. Duas sensações desconhecidas do meu espírito estavam brotando naquela oportunidade: o medo e o choro. Eu combatia como podia tais sentimentos estranhos, mas eles já estavam fazendo parte do novo homem que começava a despertar em mim.

Chegou enfim o grande dia. O trabalho espiritual dos líderes tribais era um acontecimento importante na comunidade. Todos auxiliavam na preparação das ervas, das flores, dos materiais ritualísticos que seriam utilizados. Mesmo não participando do trabalho em si, todos deveriam se envolver com os preparativos, cada um prestando a sua colaboração. Era um dos raros momentos de alegria na tribo. Até as crianças colaboravam; todos se sentiam envolvidos por vibrações harmônicas; todos sorriam, brincavam, fato raro em dias normais. A alegria, como que por encanto, envolvia toda a comunidade. Acontecia uma espécie de união que normalmente não ocorria. Era um momento muito agradável. Eu me sentia bem, embora aquele receio íntimo começasse a bater mais forte dentro do meu peito, pois não sabia o que viria a acontecer naquela reunião, da qual participaria pela primeira vez. Uma mescla de sentimentos invadia o meu ser.

Tudo pronto finalmente. Os líderes dariam início ao evento, e o restante da tribo deveria manter-se em vigília, entoando suaves cânticos, numa concentração bonita de se ver e ouvir. O som que aquelas vozes unidas emitiam era emocionante; tocava a alma com tamanha profundidade que muitos chegavam às lágrimas, inclusive eu, que estava me tornando um chorão profissional. Meu espírito conhecia a magia, tanto a do bem como a do mal. Quando o ritual começou, senti uma forte pressão na cabeça e percebi, sem entender o porquê, a singeleza daquele culto que poderia ser muito mais bem-trabalhado em benefício de todos. De qualquer forma, entrei em transe, assistido por três dos líderes. Revi minha situação no plano astral e senti pavor. Imediatamente procurei o refúgio na carne. Com bebidas, ervas e fumaça de aroma agradável, os encarregados de me assistir conseguiram fazer com que eu me acalmasse e retornasse ao estado normal. Agora eu deveria esperar que o ritual seguisse, até que pudesse falar sobre minha situação com alguém.

Espíritos da natureza e dos ancestrais foram invocados. Agradecimentos e pedidos de proteção foram feitos, assim como pedidos de farta comida. Tudo era muito singelo, e eu me debatia intimamente, pois sabia que aquelas criaturas poderiam conseguir muito mais da espiritualidade do que aquilo que pediam e que eu julgava tão pouco. Os caçadores foram chamados ao centro do trabalho. Esta foi a parte mais forte e bonita: a bênção aos mantenedores do sustento da tribo. Eles receberam novos colares, belos adornos nos braços e na cabeça e pintura no corpo pequenino que, de tão bem adornado, dava a impressão de grandeza. Senti inveja, queria muito estar lá com eles. Esse pensamento me levou de volta ao passado, como num passe de mágica. Vi meu corpo franzino se transformar em uma estrutura esbelta, alta, coberta dos mais belos adornos da cabeça aos pés. Pude sentir que as pessoas me reverenciavam como se eu fosse um rei, ou melhor, mais que isso: o líder dos líderes. Vi muitas mulheres a me rodearem e acariciarem, assim como muitas crianças que sorriam para mim como se fossem meus filhos. Vi a prosperidade daquele lugar: alojamentos bem-feitos e bem distribuídos, plantações bem-cuidadas, gado. Como era bom rever aquelas cenas! Por alguns instantes, tudo o que eu mais desejava na vida estava ali.

De volta ao frágil corpo, só me restava esperar, pensando ter adormecido e sonhado com toda aquela prosperidade e poder, com aquele belo corpo, adornos, mulheres... Achei que só poderia ser mesmo um sonho. Tive de esperar muito tempo até que o líder responsável por aquele trabalho me chamasse. Confesso que por vários momentos o cansaço quase me venceu. Tive vontade de abandonar a reunião por várias vezes. Uma força inexplicável me segurou, mantendo-me ali, em humilde condição. Mais um aprendizado para o meu rebelde e sádico espírito em evolução: esperar, ser o último, conhecer a humildade diante da iminente necessidade.

Quando finalmente fui chamado ao centro do cerimonial, todo o cansaço foi dissipado como se eu tivesse acabado de acordar de um repousante sono. Concluí rapidamente que estava sozinho com os líderes. Até os auxiliares autorizados a participar do ritual já não estavam mais ali. O cântico havia cessado. A escuridão da noite, ao mesmo tempo em que era bela e tranqüila, trazia consigo um frio que penetrava nos ossos. O silêncio das pessoas dava àquele momento um ar de temor e de mistério. Tremi de frio e de medo, mas ao mesmo tempo suava como se estivesse sob o sol do meio-dia. Pensei estar doente por alguns segundos, até que um dos líderes se pronunciou, dirigindo a mim a palavra:

— Durante o tempo em que você esperou, em meio a este ritual, o seu espírito vagou no passado, certo?

— Não sei dizer. Sei que devo ter dormido e sonhado com algumas coisas muito estranhas.

— Você não dormiu. Foi levado de volta ao passado pelos espíritos aqui presentes.

— Não entendo.

— Os espíritos nos dizem que nunca morremos. Vivemos várias vidas. Hoje estamos aqui, amanhã poderemos estar no mundo espiritual, e depois retornamos ao plano físico em outro corpo. Entende?

— Entendo.

— Muito bem, conte o que viu no passado.

— Vi uma tribo próspera, da qual eu era o líder supremo. Meu corpo era totalmente diferente; eu parecia um gigante, era como um rei. Tinha adornos muito belos, mulheres, crianças, boa comida, enfim, tudo de bom. Antes dessa visão, tive uma outra que foi terrível. Parecia uma dimensão diferente, escura. Eu era maltratado por alguns homens que corriam atrás de mim querendo me matar. Senti tanto medo que despertei bem rápido, suando frio. Estou confuso. Não consigo entender essas coisas e por vezes não consigo entender o que estou fazendo aqui com vocês nesta tribo. Sinto que não pertenço a este lugar. Peço ajuda aos senhores; eu preciso de ajuda, não me sinto bem.

Cabisbaixo, me sentindo pequeno e frágil, ouvi uma voz atrás de mim, uma voz muito familiar que não pertencia a ninguém da tribo. Não era daquele momento que eu a conhecia. Era como se viesse de dentro de minha cabeça. Relaxei a musculatura e procurei ouvir bem o que ela dizia. Os demais estavam em silêncio, como se soubessem que eu estava ouvindo alguém.

— Estou aqui para ajudá-lo mais uma vez. Agora, porém, venho a seu próprio pedido, e isso é muito bom, filho. Seu espírito começa a progredir. Hoje foi um dia especial. Muito foi revelado, embora você ainda não tenha percebido a extensão do que se deu. As visões que teve não são sonhos comuns. Você foi levado ao seu passado espiritual recente, em duas situações: uma como espírito e outra quando ainda estava na carne. Perceba um detalhe muito importante: na visão espiritual, você sentiu pavor por causa do assédio de outras criaturas que o perseguiam, como se o odiassem ferrenhamente. Já na visão carnal, você sentiu a prosperidade e todo o bem que o cercava na tribo da qual era líder. Beleza, amor, fartura e poder faziam parte desse quadro. Muito bem, entenda agora o que aconteceu: neste momento, você tem se debatido e se angustiado com a falta de tudo o que possuía, mas que foi a causa primeira de sua queda. Você anseia liderar, caçar, combater como fazia antes. Tudo poderia perfeitamente ser repetido, pois tem força e conhecimento para qualquer uma dessas atividades; nós sabemos muito bem disso. O grande problema reside no abuso a que se entregou quando teve em suas mãos o comando. Os perseguidores espirituais que você viu nada mais são que pessoas que prejudicou e violentou quando líder. Sua sede de poder era tão grande que ultrapassou muitos limites, em nome da ganância por mais, mais, sempre mais. Por conta de tantos erros, meu filho, sofreu bastante no plano espiritual. Fez coisas que no momento não vou comentar, porque não é preciso. Seu sofrimento durou muito tempo. Cansado, passou a perceber que precisava de ajuda, que havia uma possibilidade de receber amparo, e foi nesse momento que nos reencontramos. Esclarecido e aliviado, escolheu para o progresso de seu espírito a vida que leva hoje nesta aldeia. Até esse corpo franzino e pequeno foi você mesmo quem escolheu. Decidiu nada ter que o fizesse relembrar o passado, e por essa razão tudo para você é tão estranho e diferente hoje. Todas as limitações com as quais tem convivido nada mais são que remédio espiritual. Não fosse esse conjunto de limitações, o risco de nova queda seria muito grande. Sei que por vezes sente-se como se uma grande explosão fosse acontecer dentro de si. Esclareço que esse é um reflexo da contenção com a qual deve conviver para o seu próprio aprimoramento. Este momento é de trégua, lenitivo, para que seu espírito se regenere. Embora essa transformação ainda possa levar muito tempo, nas idas e vindas na carne, o objetivo de toda criatura é tornar-se melhor. Sua ascensão ao bem ainda está engatinhando, mas pelo menos já iniciou o caminho que o levará à paz. Agora só depende de você ter ou não sucesso nesta oportunidade. Por enquanto, tudo está indo muito bem, embora você não concorde.

    Quero crer, meu filho, que este nosso encontro possa fortalecer o seu espírito, a fim de mantê-lo firme no objetivo a que se propôs. Sossegue, conforme-se, confie no que eu lhe digo! Disso depende o seu futuro, e o futuro não se pode medir em tempo contado na Terra, porque ele na realidade é infinito. Deixo com você, filho amado, parte de mim mesmo. Toda vez que a ameaça se aproximar, procure por mim dentro de seu coração; lá estará sempre a parte de mim que ora lhe confio.

    A voz então se calou. Ao abrir os olhos, percebi que somente um dos líderes continuava ali. Fiquei meio tonto e fui amparado por ele, sem que pronunciasse uma só palavra; apenas me conduziu de volta à tribo, me deu água e recomendou que eu descansasse por todo aquele dia, evitando conversas e comentários sobre o acontecido. Depois desse fato, não havia outra saída para mim a não ser a resignação. Sofri muito. Era como se eu fosse cativo e ao mesmo tempo livre. Eu não sabia, mas meu espírito estava ciente de que vivia uma abençoada oportunidade. Era o início de sua libertação, depois de tantas quedas. Graças a Deus! Colaborei com aquela comunidade o quanto pude, até que chegou o momento de retornar. Experimentei uma morte lenta, dolorosa, vitimado por um mal desconhecido. Nenhum remédio funcionava, nenhuma magia vingava, os curandeiros compreenderam a gravidade da situação e passaram simplesmente a apaziguar as minhas dores com analgésicos naturais. Cuidaram deste pobre coitado com muito carinho. Vim a saber, tempos depois, que a tal doença, desconhecida naquela comunidade, era o câncer.

3
Um novo desafio

De volta à pátria espiritual, despertei nos braços de meu velho e bom amigo, que me recebeu comovido por entender que eu havia dado um passo importante rumo à minha redenção. Livre do sofrimento que tanto maltratara meu corpo físico, em decorrência da grave enfermidade, pude sentir o quanto é bom vencer a morte e suas dores. Fui conduzido a uma espécie de hospital, onde recobrei as forças e a consciência. Desfiz, em minha mente, o corpo franzino que havia utilizado naquela encarnação e voltei a ser um homem alto, forte, ereto, cheio de vigor. Antes tivesse passado mais algum tempo com o corpo frágil, pois, ao retomar a roupagem forte, fui como que sugado para um lugar totalmente diferente daquele em que eu me encontrava. Atordoado, senti medo, chamei pelo meu bondoso amigo e pude ouvir sua voz me alertando: "Volte ao corpo franzino, se realmente quiser ser socorrido". Obedeci de imediato, e retornei àquelas tranqüilas paragens. Ao me ver de volta, o bom ancião me abraçou forte e disse: "Cuidado, meu filho. Seu antigo corpo é ainda muito visado. Sua vaidade ainda é muito grande, e é ela, não o belo corpo, que atrai os antigos desafetos que infelizmente continuam a vibrar no mal, cheios de desejo de vingança. Vamos trabalhar juntos. Você deve se esforçar muito, se quiser o melhor para si. Embora não seja fácil, vale a pena vencer o mal e viver vibrando no bem. Fique certo disso".

Nessa ocasião, aproveitei melhor o meu tempo como espírito. Auxiliei o quanto pude nos trabalhos que os curandeiros encarnados solicitavam à espiritualidade superior, manipulando energias sutis das ervas espirituais e entregando-as em estado de medicação aos que pediam amparo para a cura de uma série de doenças físicas. Adorei esse trabalho, mesmo porque era uma atividade que eu dominava há muito tempo. Eu sabia que a minha necessidade de trabalhar no bem era grande; quanto mais eu me entregava ao abençoado trabalho, melhor eu me sentia. Estava sendo tudo muito bom até que se uniu ao meu grupo uma bela mulher. De pronto senti por ela algo indefinível: era bom e ao mesmo tempo não era. Fiquei confuso, mas prossegui trabalhando.

A tal mulher era boa, calma, sempre disposta a ajudar, a ensinar. Tratava a todos com carinho e respeito, e era muito alegre. Confesso que me encantei, e meu bom amigo, percebendo meu envolvimento, advertiu-me:

— Meu filho, preste atenção. Seus sentimentos por ela não são recentes; ela bem sabe disso. Nossa boa companheira já evoluiu bastante, e só se aproximou de você por entender que está decidido a evoluir também. Confie na sua coragem de melhorar e progredir. Vocês já estiveram juntos em outras ocasiões. Mas se no instante em que a reconhecer, algo de muito estranho lhe acontecer, não se espante nem tenha medo; confie no Pai que nos criou e saiba que eu estarei ao seu lado, sempre.

Essas palavras, ditas pelo meu bom amigo, foram para mim como se um grande turbilhão invadisse o meu pensamento e desordenasse tudo, tornando-me incapaz de raciocinar. Prossegui trabalhando, e embora não compreendesse muito bem o que ele havia dito, sabia que deveria ficar alerta. Por vezes, senti muita vontade de recobrar minha forma física, só para chamar a atenção daquela bela mulher, mas eu sabia o quanto isso seria perigoso para mim. Assim sendo, resisti à forte tentação e resolvi que chamaria a atenção dela de outra maneira.

Sempre que podia, eu me achegava um pouco mais. Seu sorriso era como luz e paz para o meu espírito, tão mau e imperfeito. Pensei que ainda não era digno de tão grande afeto e tive de me resignar por saber o que poderia me esperar se eu agisse diferente. A resignação mais uma vez me dava lições claras e doloridas. O velho orgulho ainda teimava em gritar dentro de mim, querendo por toda a força explodir. Eu tinha de domá-lo, como se faz com cavalos selvagens. É duro lutar com um inimigo assim tão próximo, dentro de nós mesmos.

Seguimos trabalhando no plano espiritual, mantendo uma vigilância constante de nossos atos e pensamentos, pois qualquer desvio de conduta ou de pensamento era muito perigoso. Soube então que deveria reencarnar em breve, e que até aquele momento estava indo bem, alcançando já algum adiantamento. Senti conforto, mas não alívio, porque sabia que muito devia; consequentemente, muito ainda havia a ser feito. Pelo menos eu me sentia disposto a, dali por diante, errar sempre menos e procurar acertar mais. Refleti se um dia teria a oportunidade de estar próximo àquela mulher tão especial. Meu sentimento por ela fortalecia cada vez mais. Confesso que por isso eu adiava o processo que me levaria à carne, mais uma vez.

Em meio a esses pensamentos, senti que uma mão suave pousava delicadamente em meu grosseiro ombro. Era um toque tão sutil, e ao mesmo tempo tão intenso, que é impossível descrevê-lo. Virei-me e eis que ali, bela, cheia de luz, estava ela. Baixei o olhar, envergonhado. Sorrindo, ela ergueu o meu queixo, olhou em meus olhos, e senti como se aquele olhar pudesse penetrar todo o meu ser. Naquele instante, imagens de meu passado se descortinaram em minha mente, e, para minha dor e vergonha, soube quem era aquela doce criatura. Mais uma vez provei o amargor do veneno que eu, por tantas vezes, fiz com que outros provassem.

A vergonha era maior que o meu arrependimento. Diante dela, me senti diminuído, fraco e indigno de seu auxílio e presença. Quis fugir, me esconder, como fazem os covardes. Mas, ela, em sua sabedoria e mansidão, me deteve, dizendo:

—Você sabe que não há como fugir, a menos que queira retornar àquelas paragens sombrias, e isso sei que não quer. Não estou diante de você para cobrar, humilhar ou intimidar... Nada disso! Ao contrário, lhe quero tanto bem que estou aqui para dizer com toda a sinceridade que pretendo ajudá-lo, agora e sempre. Vou voltar à carne com você; precisamos muito dessa abençoada chance. Sei que a prova não será fácil, mas sei também que necessitamos muito dela. Não foi somente você quem errou; eu também errei, sabemos disso. Venho me esforçando para reparar cada um de meus erros, e sinto que juntos alcançaremos mais rapidamente dias melhores para os nossos espíritos. Precisamos confiar. Abençoadas palavras, aquelas que ouvi. Senti-me muito melhor, mais confiante, mais lúcido. Compreendi que de alguma forma eu estava me fazendo de vítima, em vez de enfrentar com coragem todos os meus defeitos e, assim como ela, trabalhar para repará-los a fim de refazer o meu caminho: eu estava preso a velhos erros. Era essa prisão mental que me detinha, impedindo o meu progresso.

Sinceramente, saber que retornaríamos à carne juntos foi fator determinante para que eu finalmente me rendesse às inexoráveis leis da evolução. Eu tinha certeza absoluta de que não haveria de ser fácil, porém contar com a presença dela enchia o meu espírito de esperança.

Quando estamos no plano espiritual, somos exatamente o que somos, não existem máscaras ou esconderijos. A partir do momento em que à carne retornamos, o véu do esquecimento cai sobre nossas mentes e a luta recomeça, porque o Criador, em Sua infinita sabedoria, quer que a Ele retornemos por nós mesmos. Ele nos deu tudo: aparentemente, somos o clímax de Sua criação. Hoje, depois de muitas idas e vindas, eu me questiono: Será que somos mesmo os mais perfeitos seres da criação de Deus?

Neste momento, confesso que tenho cá as minhas dúvidas.

4
Nova encarnação na África

Novos desafios se iniciavam para mim e para muitos outros que iriam reencarnar comigo, a fim de que pudéssemos progredir juntos. Não sei se ao nascer chorei com tamanha força por causa do primeiro ar respirado, que agride as narinas e dilata os pulmões, ou se pelas novas provas que me aguardavam pela frente. Quando acalmei meu choro, ouvi outro, porém não tão desesperado quanto o meu. Logo soube que tinha um irmão gêmeo. Era só o começo de uma longa jornada. Reconheci o espírito que retornava, tão unido a mim. Comecei a chorar de novo. Seria fome?

A riqueza, a beleza e o poder são provas de fogo para o espírito. Esses valores terrenos normalmente fazem com que sucumba o espírito e impere a matéria na forma de orgulho, vaidade, crueldade. Mais uma vez eu passaria por essa prova; só que agora com algumas melhorias adquiridas ao longo das jornadas já relatadas.

O espírito leva algumas encarnações para se livrar do mal; nessa, eu voltei a ter contato com velhas quedas. Mas não apenas isso: voltei acompanhado por muitos desafetos. Teria de pôr em prática a vontade de melhorar e progredir, bem como retribuir todo o amparo recebido dos espíritos amigos, principalmente daquele meu bom, sábio e velho amigo. Eu estava ciente de que não conseguiria fazer tudo em apenas uma encarnação, mas uma certeza já se fazia presente dentro de mim: estava disposto a começar o trabalho difícil rumo ao bem — único e verdadeiro

caminho que nos dá paz e nos remete às nossas reais origens.
Desde o berço, em tenra idade, eu e meu irmão gêmeo éramos unha e carne. Se um chorava, imediatamente o outro chorava também, para total desespero de nossa mãe que, embora já tivesse outros sete filhos, jamais havia se defrontado com tal situação, que não era pior porque éramos príncipes. É claro que existia uma hierarquia, e que nossos irmãos mais velhos reinariam no lugar de nossos pais quando estes se fossem. Éramos os caçulas de uma dinastia em franca ascensão. Nosso pai e seu exército eram poderosos. O povo vivia feliz, tranqüilo, protegido. Nosso pai era bom, generoso e justo acima de tudo. Nada decidia sem antes consultar o Sagrado Conselho dos Anciões, seus auxiliares nas questões mais complicadas. Nossa mãe era a primeira das muitas esposas de nosso pai, e, nessa condição, tinha também muita autoridade.

Em nossa comunidade não havia ninguém que não nos admirasse, pois irmãos gêmeos eram raros por ali. Por essa razão, éramos muito assediados, a ponto de nossa mãe chegar a ficar constrangida e, com freqüência, chamar o ancião que era nosso líder espiritual para que nos livrasse das fortes energias negativas, impregnadas por conta de todo aquele alvoroço em torno de nós. A conseqüência desse acúmulo de energias era o sono agitado, o choro, a falta de apetite, entre outros sintomas. Vejam só, desde o berço já sofríamos as interferências espirituais de toda ordem. Podem ter idéia do quanto ainda haveríamos de lutar?

Nossa infância seguia tranqüila. O povo já não nos assediava tanto; tinham se acostumado conosco, mas não com a idéia de que outras mulheres pudessem ser mães de gêmeos. Assim, as mulheres de nossa comunidade passaram a se reunir para pedir aos nossos ancestrais e aos nossos deuses proteção para que o fato não mais se repetisse. De alguma forma não o aceitavam como normal porque não o compreendiam — geralmente se teme aquilo que não se entende.

Embora eu e meu irmão fôssemos quase idênticos fisicamente, nossas personalidades eram bem diferentes. Eu gostava de brincadeiras violentas, era rebelde. Meu irmão era o meu oposto: pacato e obediente, caía nas graças de nossa mãe, que sempre o protegia e o mimava mais do que a mim — os mansos sempre são muito mais queridos, apesar do fato de os rebeldes serem quem mais precisam de atenção. Poucos compreendem isso, e, não compreendendo, acabam agravando uma situação complicada por criar uma animosidade maior: o rebelde, que não se sente amparado e protegido, sente raiva de tudo e de todos à sua volta, o que desencadeia maiores dificuldades de progresso a um espírito endurecido. Isso posto, lembro aos pais o tamanho da responsabilidade para com os filhos rebeldes. Faz parte de seu dever, como espíritos em evolução, guiá-los, oferecendo a eles o amparo que conduz ao caminho reto, não esquecendo de oferecer o bálsamo da vida, que é o afeto, a fim de que possam desenvolver dentro de si esse bendito sentimento.

Lembro-me de um episódio que marcou muito o meu espírito nessa ocasião. Como eu era muito levado, a partir de uma certa idade comecei a receber como paga pelas minhas travessuras alguns castigos. Foi por uma dessas situações que comecei a perceber a proteção que recebia de meu irmão, tão diferente de mim em comportamento. Certa vez, fiz uma traquinagem muito grande. Meu pai, enfurecido, mandou que me amarrassem junto a um formigueiro, com os pés lambuzados de um líquido doce que atraía as vorazes criaturas, até que eu pedisse perdão e jurasse me comportar melhor. Nosso pai era um rei, e como tal deveria dar exemplo à comunidade. Se havia tomado tal atitude era por causa do meu abuso. É claro que na época eu não compreendia isso, e dentro de mim, mais uma vez, brotava aquele sentimento infeliz chamado ódio. Então ele ordenou, e assim foi feito. Alguns escravos cumpriram as suas ordens com prazer, não por serem meus desafetos, mas porque eu desafiava, ofendia e incomodava a todos. E eu, posando de forte, ainda lançava olhares desafiadores aos meus infelizes algozes. Foi em meio a essa situação que conheci a solidariedade e a grandeza de espírito de meu irmão, pois até então eu não percebia o alcance de seu afeto por mim.

Escondido, pacientemente, ele aguardou que os escravos vacilassem por alguns instantes, pois a ordem era que eu fosse observado ostensivamente. Certo de que não era observado, num lance me soltou e sussurrou em meu ouvido as seguintes palavras:

— Corra! Diga a todos que se arrependeu da travessura e que os deuses o absolveram e resolveram soltá-lo.

Que alívio! Antes mesmo das primeiras mordiscadas, estava eu livre daquele cruel castigo, graças ao meu bom irmão gêmeo. Admirados, os escravos não conseguiam entender como eu podia estar solto, pois haviam me amarrado muito bem. Eu corria, ria, gritava em volta deles, debochando e dizendo que a proteção dos deuses para comigo era tão grande que eles próprios tinham rompido as amarras, absolvendo-me da travessura. É claro que tive de dizer que prometi aos deuses melhorar meu comportamento. Os escravos acreditaram, pois não tinham como duvidar: o fato estava ali, explícito aos olhos deles. Então, passaram a me respeitar depois desse episódio, mantendo uma certa desconfiança e estranheza em relação a mim, "o protegido dos deuses".

Meu irmão fora sábio. Não por ter me livrado do castigo, mas por ter me comprometido perante a espiritualidade, que ele sabia que eu temia. Ao afirmar a todos, com todas as forças de meus pulmões, que os deuses me livraram e me absolveram por ter prometido mudar minha conduta, automaticamente me comprometi seriamente e, agora sim, deveria melhorar de qualquer jeito. Esperto ele, não?!

A repercussão dessa história foi grande. É impressionante como as pessoas se deixam levar e crêem, sem analisar friamente os fenômenos. Desde nossos pais até o mais simples servo da comunidade, todos passaram a se relacionar comigo de modo diferente, acreditando que eu fosse protegido por deuses mais poderosos que os já conhecidos. Porém, incrível mesmo foi a atitude de meu irmão: num simples gesto, modificou e deu novo rumo à minha vida, acarretando duas grandes mudanças: o meu contato com a espiritualidade e a melhoria de minhas relações sociais em todos os níveis.

Seria um sábio o meu irmão?

E a vida prosseguia. Sendo considerado "protegido" pelos deuses, fui obrigado a me engajar nos trabalhos espirituais da comunidade. Para minha grande surpresa, rapidamente descobri que tinha muito jeito com as ervas. Aprendia com uma rapidez espantosa a manusear, aplicar e conhecer um grande número delas. O espanto não era apenas meu; os sacerdotes responsáveis pelas ervas também se admiravam e pensavam que isso só podia vir dos meus protetores espirituais. Pronto! Lá estava eu mais uma vez trabalhando, como vinha fazendo há tempos e tempos.

Minha família inteira estava orgulhosa de mim. Nenhum dos outros filhos de meu pai havia se interessado até então pela prática espiritual, muito menos pelo conhecimento das ervas que curam, aliviam e fortalecem. Meu irmão gêmeo acompanhava o meu trabalho; ajudava sempre que podia, mas, como não poderia deixar de ser, também ele tinha uma habilidade especial admirada por nossa família e pela comunidade: era pacificador, ou seja, vinha desenvolvendo um belo trabalho junto aos anciões, no sentido de ajudar os membros da comunidade que estivessem em crise de toda a ordem, fosse uma desavença, uma tristeza, um abatimento. Com toda a sua paciência e sabedoria, ele auxiliava as pessoas, infundindo-lhes ânimo novo, fé e confiança. Era hábil em elevar a auto-estima das pessoas, e, por essa razão, vinha sendo muito querido por toda a comunidade.

O trabalho com as ervas começava antes do amanhecer. Acompanhado sempre por fiéis auxiliares, lá ia eu, mata adentro, recolhendo remédios que Deus colocou disponíveis ao homem. Ao nos aproximarmos de um belo lago, cercado por inúmeras variedades de ervas curativas, fomos surpreendidos por um chefe tribal que, assim como nós, recolhia as ervas que curam. Estava acompanhado por outros homens que obedeciam as suas ordens.

Nunca vou me esquecer daquela bela aparência. Senti inveja daquele porte altaneiro, dos adornos que recobriam seu corpo forte, da firmeza de suas palavras, que denotavam uma bravura natural e uma liderança que poucos mortais possuem. Fiquei encantado com a aparição daquela figura, e algo dentro de mim disse que um dia eu já tinha sido ou poderia vir a ser como ele.

Respirei profundamente. Respeitosamente, ele e sua comitiva se aproximaram de nós. Falavam um dialeto que não conhecíamos. Passamos a tentar a comunicação por meio de gestos. Foi engraçado. Ao nos despedir, assim que virei as costas para o chefe, ele segurou com força o meu braço e olhou dentro dos meus olhos por intermináveis segundos. Quase não pude sustentar aquele olhar penetrante, mas mantive a postura o mais que pude. Ele me soltou, ainda olhando para mim, fez uma reverência qualquer e se foi. Senti algo estranho e novo vibrar dentro do meu ser.

De volta ao lugar onde preparávamos as ervas, embora concentrado no trabalho, minha mente reencontrava aquele olhar enigmático. Envolvido com as ervas e a lembrança daquele homem, repentinamente foi como se o tempo parasse por alguns instantes: cenas "desconhecidas" passaram a penetrar desconexas em meu pensamento. Deixei tudo o que estava fazendo, sem dizer nada a ninguém, e corri sem saber para onde. Esbarrei em meu irmão, mas continuei a corrida alucinada. Ele correu atrás de mim o mais rápido que pôde. Seus gritos, chamando o meu nome, me fizeram parar e acordar do transe.

— O que houve? Você está bem? — gritava ele, aflito.

Em meio a uma sensação de tontura e torpor, fui recobrando a consciência e percebendo que à minha volta havia se formado uma pequena multidão curiosa e agitada. Aos poucos, recobrei os sentidos e, amparado por meu irmão, voltei para casa.

Como não podia deixar de ser, em pouco tempo estavam ao meu redor os sacerdotes que, com suas rezas, incensos e ervas, vieram em meu socorro. Um deles, nosso líder espiritual, após o trabalho de limpeza de minhas energias esgotadas, ordenou que todos se retirassem para que pudesse conversar particularmente comigo. Assim foi dito e assim foi feito. Em segundos, estávamos cara a cara, eu e ele. Em sua calma habitual, deu início a uma conversa muito séria comigo, não antes de pedir que eu me deitasse confortavelmente, relaxasse o corpo e controlasse a respiração. Não consigo me lembrar de tudo o que ele falou.

Seguir, seguir sempre, bem ou mal, seguir. O tempo não pára nem aqui e agora, muito menos na eternidade. Assim sendo, seguimos todos nós. Éramos felizes, eu e meu irmão. Cada um com seu trabalho, sua habilidade. Vivemos por um bom tempo, num clima de tranquilidade até que novas provas nos haveriam de chegar. Temi sem saber o que sentia, o que exatamente eu temia. Nossa adolescência chegava ao seu termo. A idade adulta se aproximava, e com ela novas responsabilidades junto ao reinado de nosso pai. Todos os nossos irmãos já haviam constituído as suas famílias e tinham filhos. O mais velho estava sendo preparado para herdar o trono, fato que não nos isentava de responsabilidades como príncipes. Festas e rituais eram corriqueiros em nossa comunidade; o que não acontecia com muita freqüência era a presença de líderes de outras comunidades acompanhados de seus familiares. Entretanto, dessa vez, meu pai preparava uma grande festa na qual receberia um grande número de convidados, entre eles os tais líderes e suas famílias, que eram sempre numerosas.

Todos vibramos de alegria, afinal as festas eram sempre bem-vindas e, com tanta gente junta, essa seria melhor ainda e duraria pelo menos três dias. A empolgação era contagiante; todos, sem excessão, se envolveram com os preparativos. No meio do alvoroço, eis que nosso pai mandou nos chamar, a mim e ao meu irmão, à sua presença. Como isso não era comum, no início estranhei, depois senti um frio enorme percorrer todo o meu corpo, como se algo me quisesse avisar de um perigo iminente. Pedi aos deuses proteção; mais do que isso eu não podia fazer. Fomos até nosso pai. Minhas pernas tremiam tanto que meu irmão chegou a me perguntar se eu me sentia bem. Respondi que sim, mentindo, e lá estávamos nós diante daquele que nos havia dado a oportunidade de voltar à Terra mais uma vez.

"Sentem-se", foi a primeira e a última coisa que ele disse, pois desmaiei logo após, acordando horas depois, rodeado pelos líderes espirituais, sem nada entender. Ao perceberem que eu havia recobrado os sentidos, foram saindo, permanecendo ao meu lado somente o líder mais velho, o qual, fumando um enorme cachimbo branco repleto de incrustações das mais belas pedras, lançava um olhar penetrante em minha direção. A impressão que eu tinha era de que ele queria que eu dissesse o que me havia acontecido. Permanecemos calados por alguns minutos, até que o líder começou a falar:

—Você não se lembra, mas o seu espírito sabe bem o que teme. Não adianta querer fugir, adiar, negar. O que deve ser será, e você terá de enfrentar os fatos com a coragem que sempre teve. Não a coragem da bravura, e sim a coragem que eleva espiritualmente o homem que já sofreu demais por tanto errar. No momento, o que tenho a dizer é só isso. Com o tempo você sentirá sobre o que estou falando, e, ao sentir, tome cuidado. Não se perca em devaneios tolos. Quando essa hora chegar, venha até mim. Pensaremos juntos numa maneira de ajudá-lo. Agora, levante-se e vá ver seu pai que está aflito. Diga a ele que o que sentiu foi uma indisposição e que eu e os outros já cuidamos de você.

Confesso que saí da tenda do líder mais tonto do que quando entrei, sem consciência, mas fui até meu pai de alguma forma refeito e mais forte. Diante dele, envergonhado, contei o que o líder me havia dito e ele, visivelmente aliviado, demonstrou no semblante muito carinho por mim, o que era estranho, pois até então eu só havia recebido castigos e chamadas. Senti-me estranhamente feliz e novamente confiante ao perceber afeto em meu pai. Foi muito bom. Creio que são momentos como esses que nos fortalecem e nos dão a certeza de que não estamos sós e de que somos amados, ainda que de forma um tanto estranha à nossa compreensão.

Soube então por que motivo ele havia chamado a mim e a meu irmão. O assunto era a grande festa e os nossos destinos dali para a frente. Nosso pai ordenou que, durante as comemorações, eu e meu irmão escolhêssemos, entre as filhas dos líderes das outras comunidades, mulheres para serem nossas primeiras esposas. Seu objetivo era unir forças, ampliando assim o poder de seu reinado, já tão bem-estruturado e forte. Ele pretendia isso de nós porque nossos irmãos não haviam se casado com filhas de líderes realmente influentes e poderosos. Nós éramos a chance que faltava e que ele tanto ambicionava. Unidos a essas mulheres, teríamos ainda a oportunidade de herdar parte do poder de seus pais, ou seja, fortaleceríamos (e muito, pois éramos dois) o poder do reinado, e nosso nome correria toda a África como símbolo de força e poder.

Confesso que sua ordem não me abalou. Dentro de mim, num lugar bem guardado, eu partilhava de sua ambição e a compreendia bem. Firme e resolvido, minha resposta foi imediata e favorável. Disse a ele que me esforçaria ao máximo para conquistar a simpatia de uma das filhas do mais poderoso líder que na festa estivesse. Imediatamente ele sentiu a firmeza em minhas palavras. Mais uma vez lançou sobre mim um olhar de orgulho, para minha total satisfação e glória pessoal. Senti naquele momento que tínhamos mais coisas em comum do que eu podia imaginar. Saí de sua presença mais fortalecido ainda, e feliz. Pela primeira vez, até aquele momento de minha vida, eu sentia orgulho de ser filho daquele rei tão forte e poderoso. Comecei a sonhar alto de novo.

Depois da conversa com meu pai, eu e meu irmão comentamos sobre o assunto. A minha frieza o espantava. A decisão de nosso pai não era confortável para ele, que sonhava tomar por esposa alguém que tocasse o seu delicado coração, o que comigo não acontecia, pois sabia que poderia ter quantas mulheres desejasse. Embora contrariado, meu irmão sabia que de nada adiantava contestar a decisão de nosso pai e que ele deveria se sujeitar, gostando ou não. Portanto, antes a resignação e a obediência, se não quisesse problemas. Para ele, a festa já não tinha mais o mesmo brilho depois disso. Sua empolgação com os preparativos então esmoreceu. Eu, por minha vez, me animei ainda mais, sem perceber, sem ouvir o aviso de perigo que pulsava dentro de mim na forma de orgulho e vaidade.

A comunidade se agitava, envolvida com os preparativos. Todos cantavam e dançavam como se quisessem apressar o evento ou desfrutar dele por mais tempo. Tudo muito bonito e colorido; todos se esmeravam em suas funções. Muita comida, bebida, fartura, enfim tudo o que havia de melhor estava sendo preparado. Tendas para os hóspedes estavam sendo erguidas: belas, espaçosas, com o conforto que os visitantes mereciam; cada uma recebia a identificação da família que nela seria hospedada, pois cada comunidade tinha um símbolo que a identificava.

Diante de toda aquela beleza e fartura, meu espírito, que no passado já havia gozado de todo tipo de privilégio, estava em festa. Era como se eu pudesse sentir a pulsação daquela vibração elevada de alegria, colaboração e, é claro, a força que tem o poder. Sentia, nesses momentos, que o meu peito inflava; o velho guerreiro e líder que ainda existia dentro de mim voltava forte, e eu olhava à minha volta com olhos de superioridade, como se o rei fosse eu.

5
Um intrigante reencontro

O grande dia se aproximava. Minha euforia era enorme, mas o meu bom irmão a cada dia entristecia mais, e mais se fechava, indiferente a tudo e a todos. Sua atitude me irritava, e por vezes me intrigava. De qualquer forma, eu o amava e haveria de descobrir o quanto muito em breve.

O dia marcado para o início da festa enfim chegou. Amanheceu belo, majestoso. A correria era grande. Os convidados começaram a chegar, e, de imediato, se dirigiam às suas acomodações. Tudo funcionava dentro de uma impressionante organização, sem falhas. Roupas coloridas dos mais diversos tons podiam ser admiradas pela comunidade. Adornos eram exibidos sem modéstia, belos, reluzentes. Eu admirava tudo com euforia; observava todos buscando os mais poderosos; afinal esse era o trato feito com meu pai.

Meus pais recebiam os convidados com alegria, sem se preocuparem conosco. Diante da situação, senti que devia procurar por meu irmão, e foi o que fiz. Perguntei daqui, dali, e nada... ninguém sabia me dizer onde ele estava. Comecei a me irritar, sem saber se continuava procurando ou voltava para a recepção dos convidados. Então decidi retornar, e, ao me aproximar do local onde acontecia a chegada dos convidados, eu o avistei. Para minha surpresa, ele estava muito bem-vestido e bem adornado; conversava alegremente com uma das famílias convidadas. Aproximei-me aliviado, mas quando bati o olhar em uma das filhas do casal meu corpo estremeceu e congelou de tal forma que fiquei imóvel. Minha presença foi imediatamente notada, é claro, pois nunca tinham visto irmãos gêmeos. Alegremente meu irmão sinalizou para que eu chegasse mais perto. Paralisado pela visão daquela moça, e ainda muito assustado, consegui com dificuldade acenar de volta, pedindo que esperassem um pouco. Eu precisava me refazer daquela angustiante sensação.

Eu não tinha, e não teria nos dias seguintes, tempo para pensar no motivo pelo qual aquela mulher me fizera paralisar. Então só me restava recobrar as forças e a segurança para que pudesse continuar na festa. Procurei um lugar calmo, me servi de uma bebida forte, me sentei, e tentei relaxar a musculatura, que de tão tensa parecia um bloco de pedra. Permaneci assim por algum tempo até que, já me sentindo melhor, dei os primeiros passos que me levariam de volta à festa, não fosse uma mão forte que senti agarrar o meu braço. Olhei firme para o homem, e não apenas o reconheci como pai da criatura responsável por aquele meu mal-estar, como também me lembrei perfeitamente dele, da firmeza de sua mão, de seus olhos e do dialeto estranho que falava. Era ele mesmo... o homem do lago que um dia tanto me intrigara, não tanto quanto sua filha, porém.

Ele me soltou e inciou um diálogo comigo; dessa vez no meu dialeto. Pronunciou algumas palavras de cumprimentos, até que o interrompi:

— Não nos vimos antes?

— Sim. Foi na colheita das ervas.

— Isso mesmo. Pensei que o senhor não falasse o meu dialeto, porque naquela ocasião eu o ouvi conversar em outro.

— Sim, e concluiu que um homem só possa falar um dialeto?

— Não conheço ninguém que busque aprender dialetos alheios, mesmo porque, senhor, meu pai é o rei por aqui

— Penso que ser rei seja um bom motivo para apurar o saber, meu jovem príncipe.

Percebi que nossa conversa estava começando a ficar irônica, e me lembrei de meu pai e do compromisso assumido com ele. Assim, mudei o tom e o rumo de minhas palavras, procurando de alguma forma me desculpar e ser gentil; afinal, eu ainda não sabia quem era aquele homem misterioso.

— E então, senhor, está gostando da festa? Suas acomodações estão adequadas?
— Sim, está tudo bem, realmente seus pais sabem receber e agradar os hóspedes. Mas... me diga uma coisa, você conhece bem as ervas?
— Sim, senhor. Trabalho com os líderes espirituais da comunidade. Sou bom nisso.
— É mesmo? E com quem aprendeu?
— Confeço que muito do conhecimento parece que eu já tinha dentro da minha cabeça, porque foi só começar a lidar com as ervas para que eu soubesse, de antemão, tudo o que fazer.
— Interessante, muito interessante, jovem príncipe curador.
— Ainda não posso me considerar um curador, mesmo porque temos por aqui alguém muito competente, que é quem me ensina.
— É, meu rapaz, cultivar a humildade é o mesmo que cuidar e lidar com a natureza: deve ser um exercício diário e espontâneo.
— Concordo, senhor.

De improviso, alguém chegou e interrompeu nosso diálogo, que estava ficando interessante. O convidado pediu licença e acompanhou a tal pessoa. Eu estava muito intrigado, pois a maneira como o homem falava e as palavras que usava me lembravam alguém que eu não conseguia recordar de pronto. E seu olhar... era tão penetrante que parecia ler meu pensamento. "Que família!", pensei.

Voltei para a festa. Meus pais estavam irradiando alegria; meus irmãos, sobrinhos, enfim, toda a nossa família estava feliz. Sorrisos e conversas animadas eram uma constante. Resolvi me divertir também, pois até aquele momento eu, que estava tão animado com os preparativos, ainda não tinha conseguido um minuto de real descontração.

As danças iam começar. Os tambores começaram a cortar o belo entardecer daquele dia tão intenso para mim. O som mexia com todos. Imediatamente um grupo de dançarinos se formou para a primeira apresentação. Foi simplesmente espetacular! As roupas, o aroma, o som, a própria dança, enfim, a beleza de tudo, me davam uma sensação muito agradável. Senti retornarem todas as minhas forças, e, no início da noite, resolvi começar a minha "caçada".

Em meio a conversas, risos e olhares provocantes, de repente ouvi uma voz gritar: "Aí vem o imperador, que todos silenciem! Vamos ouvi-lo falar". O silêncio foi absoluto, e novamente minha cabeça começou a girar, pensando: "Imperador? Mas que imperador? Meu pai não nos disse nada sobre isso! Império é mais que reinado?".

Meus pensamentos foram cortados pela figura altaneira de um homem que, subindo os degraus de um alto palanque, virou-se para todos e, numa cordial saudação, pôs-se a falar. Era ele, era o homem misterioso, o pai da moça intrigante que havia trocado palavras comigo, não fazia muito tempo. Ele era o imperador. Mais uma vez, naquele mesmo dia, meus pensamentos ficaram enevoados e confusos, sem que eu pudesse atinar se aquele homem era ou não mais importante do que meu pai.

Todos ouviram com atenção e admiração as palavras do imperador. Ele agradeceu em nome de todas as famílias pela festa oferecida por meu pai, abençoou nossa comunidade e rogou aos deuses, numa prece, que sempre nos protegessem e inspirassem nossa prosperidade. Foi homenageado por todos com gritos, assovios, palmas e rufar de tambores, ou seja, com muito barulho. A festa continuou. Muito cismado, fui até meu pai. Eu precisava saber se aquele homem era mais poderoso do que ele; a curiosidade fervia dentro de mim.

Aproximei-me pedindo licença para trocar algumas palavras com ele, e fui atendido.

— Pai, aquele tal imperador é mais poderoso do que o senhor?

— Sim, é meu filho. Espero que você e seu irmão já tenham conhecido suas filhas. Confesso que não tinha sonhado tão alto quando pedi a vocês que procurassem nas filhas dos poderosos futuras esposas, pois a presença do imperador com a família foi confirmada poucas horas antes do início da festa, o que foi uma grata surpresa que os deuses prepararam para nós; para vocês, trata-se de uma oportunidade única.

— Quanto ele é poderoso, pai?

— Muito. Dirige muitas comunidades como a nossa; por aí você pode fazer uma idéia. Quero que diga ao seu irmão para se aproximar das filhas do imperador; essa ordem vale para você também.

Tremi. Aquele homem! Se era tão poderoso quanto dissera meu pai, o que estaria ele, o grande imperador, fazendo no meio da mata, naquela ocasião em que o encontrei? Grandes chefes não se aventuram no seio da mata; têm súditos para isso. Meus pensamentos não cessavam; a cada acontecimento uma gama enorme de dúvidas me confundia. Que dia! Que início de festa! E eu que esperava um dia cheio de diversão, alegria, comida e bebida boa... que nada! Meu dia foi cheio, sim, mas de intrigas, medo e surpresas arrepiantes. "Deve ser castigo dos deuses", concluí. Só em pensar naquela filha do imperador, eu já tremia, e temia que aquela sensação horrível voltasse. Não sabia mais como fazer para me aproximar. Obviamente eu nada poderia dizer ao meu pai sobre o que havia sentido ao ver aquela mulher. "E agora?", pensava eu, temeroso. Sim, eu estava sentindo medo, e isso me incomodava como poucas coisas. Respirei fundo e, como a noite alta já se aproximava, decidi fazer como todos naquela hora: dormir.

O amanhecer do segundo dia da festa foi barulhento e tumultuado. Eu nunca tinha visto tanta gente junta num ritual matutino, mas, apesar da confusão, todos pareciam alegres e satisfeitos. Procurei por meu irmão. Afinal, era o meu dever do dia transmitir a ele as ordens de nosso pai. "Que os deuses me protejam, porque agora não posso mais recuar!", pensei. Ao encontrá-lo, fui logo puxando-o pelo braço e procurando um lugar menos tumultuado para que pudéssemos conversar.

— O que foi? Por que me arrasta assim?

— Fique quieto! Preciso muito lhe falar, e não podemos ser ouvidos. Pronto, aqui está bem! Agora ouça com atenção. Nosso pai ordenou que nós dois escolhêssemos esposas entre as filhas do imperador.

— Ah! Que maravilha, meu irmão! Acho que afinal os deuses me ouviram, porque devo confessar que me encantei sinceramente por uma delas. Não é divino, meu irmão?

— Se é divino eu não sei. Você está me surpreendendo com toda essa euforia. No começo estava triste, acanhado por causa da ordem de nosso pai, e agora só falta bater palmas de alegria. Não estou entendendo bem.

— Acabei de dizer que gostei de verdade de uma das filhas do imperador, você não entendeu? Sinto que, apesar de ter sido obrigado por nosso pai a encontrar uma esposa, os deuses me enviaram uma que eu realmente vou gostar. Estou feliz e agradecido a eles e aos espíritos amigos que me protegem. Falo com sinceridade.

Olhei bem nos olhos de meu irmão e o que senti foi tristeza, uma inexplicável sensação de tristeza. Ah! Mas eu não permitiria que os acontecimentos me abalassem de novo. Então, respirei profundamente, busquei minha coragem e decidi seguir adiante.

— Muito bem, meu irmão, quer dizer que você gostou mesmo de uma das filhas do imperador. Já entendi; menos mal, não é mesmo?

— É claro, graças aos deuses, graças a eles.

— Pode ser apenas uma feliz coincidência.

— Não é, eu sinto que não é, e você deveria ser mais agradecido também, porque isso o livraria de algumas encrencas.

— Ah! Deixa pra lá, apesar de sermos iguais fisicamente, nossos espíritos são bem diferentes mesmo.

— É uma pena que você seja assim, tão orgulhoso.

— Não é hora de lição de moral. O importante agora, já que você se sente tão bem com a situação, é que também eu encontre uma que me sirva como esposa.

— Não vai ser difícil, todas são encantadoras. Venha! Vamos agora mesmo até onde elas estão.

Naquele momento, pedi ajuda e proteção aos deuses com todas as minhas forças. Não tive coragem de comentar com meu irmão sobre o que eu havia sentido por uma das filhas do imperador. Não sei por que não falei, e não tinha nenhuma vontade de falar. Algo me impedia.

Ao nos aproximarmos da família do grande soberano, o que fizemos com todo o respeito, meu coração começou a acelerar. Com muita força tentei me controlar, principalmente quando a jovem se aproximou:

—Vejam! Interessante mesmo! Vocês são idênticos!

— Nem tanto. Por fora até que sim, mas temos temperamentos totalmente diferentes — respondi, com dificuldade e com uma seriedade incomum.

— O que é isso, meu irmão? Você não costuma ser assim tão sério; relaxe, estamos entre amigos, não é mesmo, senhor imperador?

— Claro que sim! Aliás, estamos todos nós. Afinal de contas esta é uma festa. Com licença, fiquem à vontade!

Assim dizendo, o imperador afastou-se, passos lentos mas precisos e firmes, olhos sempre atentos, porém serenos. Eu admirava aquele homem. Quebrado o gelo com a tal mulher, consegui retomar o meu controle e observar, entre todas as filhas do imperador, menos ela, é claro, alguma que me interessasse. Notei em pouco tempo que era exatamente por ela que meu irmão havia se encantado. Não gostei disso. Quisera eu estar enganado!

Conversamos alegremente com aquele grupo por bastante tempo até que, intuitivamente, senti que deveríamos nos retirar e retomar mais tarde a conversa. Contrariado, meu irmão veio ter comigo.

— O que deu em você? A conversa estava tão boa.

— Sim, a conversa estava boa, tudo estava muito bem, exceto o olhar da mãe das jovens.

— Como assim?

— Ela já estava dando sinais de aborrecimento, talvez quisesse conversar um pouco a sós com as filhas, ou até mesmo fazer outra coisa, falar com outras pessoas, sei lá! O fato é que percebi isso e resolvi sair. Você, meu irmãozinho, é muito pouco observador, ou então já está cego de amor.

— Deixe de bobagem e me diga uma coisa: nosso pai mandou que escolhêssemos uma delas. Eu já fiz a minha escolha e sei que você percebeu, mas o que devemos fazer?

— Boa, essa sua pergunta! Eu ainda não tinha pensado nisso, e confesso que não sei a resposta. É melhor irmos falar com nosso pai. Ele que nos oriente.

— E quanto à sua escolha?

— Por mim, qualquer uma delas serve, exceto a sua amada, é lógico!

— Como assim? Não gostou particularmente de nenhuma?

— Não. Para mim são simplesmente mulheres, como todas as outras, e fim! Vamos conversar com nosso pai.

A festa seguia animada; rodas de dança podiam ser vistas em muitos pontos, cada uma com seu ritmo, indumentária e significado. O resultado da mistura dos sons era incrivelmente harmonioso. A alegria era geral e contagiante. O aroma no ar era suave, apesar de ser um misto de vários perfumes. O contato com comunidades diversas era enriquecedor; a troca de informações unia pessoas de culturas e hábitos diferentes. Ali, naquele momento, não existiam separações, pois todos estavam vibrando num mesmo objetivo. Observando tudo isso, pude perceber a inteligência de meu pai. Ele certamente era mais sábio do que eu supunha, e sua determinação quanto ao nosso destino era prova não apenas disso tudo como de seu bem-querer por nós. Senti-me agraciado por ser filho daquele homem. Orgulhoso, senti meu peito inflar novamente.

 Andando ao lado de meu irmão pelo caminho que nos levaria aonde estava nosso pai naquele momento, a sensação que eu experimentava era de superioridade. Mais uma vez eu fantasiava ser o rei: imaginava todas aquelas pessoas aos meus pés, me admirando, submissas ao meu comando e vontade. Pensei no imperador e troquei a fantasia, desejando ser como ele, porque agora eu sabia que o poder real estava em suas mãos. Em meio aquele devaneio, sonhei um dia herdar seu império, com todas as honras e glórias. Imaginei como seria ter o respeito e o comando de inúmeras comunidades, e, nessa roda de pensamentos, fui me sentindo poderoso, um verdadeiro Deus de carne.

 De volta à realidade, olhei a figura discreta de meu irmão. Ele jamais seria igual a mim, nem mesmo partilharia de meus sonhos, mas uma coisa era certa, eu o protegeria sempre e, na verdade, embora o casamento dele com a filha do imperador fosse conveniente e atendesse às ordens de nosso pai, lá no fundo do meu coração eu sentia algo indefinido bater. Pela minha vontade ele não se casaria nunca, ficaria ao meu lado sempre. Ele seria o meu braço forte, me aconselharia, me ajudaria com sua fidelidade à toda prova. Sim, era essa a minha vontade e, é claro, o meu egoísmo... só egoísmo?

 Nosso pai nos recebeu com alegria. Estranhei, mas percebi que nada mais era que o efeito das bebidas servidas à vontade o dia todo. A euforia dele aumentou quando comunicamos a escolha de meu irmão e minha firme vontade de tomar por esposa qualquer uma das filhas do imperador. Sinceramente, eu, até aquele momento, nunca tinha visto meu pai vibrar tanto de alegria. Eu e meu irmão tivemos de rir.

 — Vou mandar chamar agora mesmo o imperador. Vou

acertar com ele o casamento de vocês.
— Mas pai, espere um pouco! Como o senhor vai acertar o casamento, se ainda não escolhi nenhuma? Tenho de pensar um pouco e lembrar o nome delas.
— Pense rápido!
— Já sei. Pode ser a mais nova. Sim, a mais nova. Só não lembro o nome dela.
— Nem eu, meu irmão. É um nome estranho, mas ela é muito bela.
— Ótimo! Podem ir agora. Mandarei chamá-los no momento oportuno.

E assim, comprometidos estávamos. A alegria de meu irmão me incomodava. O fato de ele ter se apaixonado me irritava. Para mim, o casamento, acertado naqueles moldes, era um negócio que se traduzia em poder. Além disso, a mulher que ele havia escolhido me intrigava e me desgostava. Malgrado todo esse meu incômodo, eu nada podia fazer a não ser deixar que tudo continuasse seu curso. Passei a me concentrar em minha ambição e em meus sonhos. Pobre mulher haveria de ser a minha!

Mais relaxado, após todas as emoções que tinha vivido em tão pouco tempo, decidi enfim aproveitar a festa. Dancei, cantei, brinquei, comi, bebi até me fartar de tudo, até a minha completa exaustão e desabafo, até não mais pensar nem sentir. Na realidade, era uma fuga.

O último dia da festa raiou belo como sempre. Nos rostos das pessoas se podia notar um misto de alegria e tristeza. Seria um dia bem agitado, pensei. Logicamente todos aproveitariam ao máximo o último dia. Eu caminhava sozinho pela comunidade, admirando tudo à minha volta. Brinquei com as crianças, conversei com as pessoas. Num canto tranqüilo, percebi que nossos líderes espirituais estavam reunidos em círculo; sentados no chão, eles conversavam. Eu entendi o significado daquela reunião e resolvi me aproximar; afinal, trabalhávamos juntos. Pedi licença ao líder para fazer parte da roda, e ele consentiu, dizendo:
— Estávamos mesmo falando sobre você e seu irmão. Seu pai nos comunicou que vocês irão se casar com as filhas do imperador.
— Sim, ao que tudo indica nos casaremos. Meu pai está feliz.
— Sabemos da sua indiferença e da paixão que acometeu

seu irmão, por isso resolvemos nos reunir. Vocês vão precisar de ajuda nessa questão, e, como líderes espirituais dessa comunidade, oferendaremos em favor de vocês.

— Há algum problema conosco?

— Você, melhor do que nós mesmos, sabe que sim.

— Não estou entendendo em que nosso casamento nos pode afetar espiritualmente. Estamos na idade de constituir família e isso é bastante natural, ou me engano?

— É bastante natural sim, não fosse a prova que vem por aí, e você já sabe disso. Pense, e diga o que tem sentido em seu íntimo sobre isso. Precisa falar conosco, filho!

— Na verdade, o senhor diz que eu sei, mas não sei se sei, apenas senti...

Relatei aos líderes espirituais todo o acontecido, enfatizando o meu desagrado em relação à escolhida de meu irmão. Eles decidiram que logo após o encerramento da festa marcariam não apenas a limpeza espiritual da comunidade como também uma oferenda aos deuses, pedindo nossa proteção — minha e de meu irmão. Em vão insisti que me explicassem o que estava acontecendo. Mais uma vez eu estava cismado, pensativo e atemorizado.

Recostado em uma frondosa árvore, adormeci. A tarde estava quente e o sono veio fácil, mesmo porque o almoço servido naquele dia foi delicioso e exagerei. Não sei se sonhei porque estava com o estômago cheio demais ou se as cenas que vi durante o sono eram reais. Só sei dizer que despertei apavorado e transpirando muito. Havia crime e muita violência praticados por mim. Como sempre, senti muito medo e me lembrei do alerta dos líderes espirituais, o que só aumentou o medo. Levantei rapidamente, procurando esquecer; fui tomar um bom banho de rio. Nas águas mansas, ladeado por uma exuberante natureza, eu me refiz, aprumei corpo e alma, retornei à festa, e imediatamente dois soldados de meu pai disseram que ele estava à minha procura. Fui ao encontro dele, armado de toda a coragem que ainda pulsava dentro de mim, disposto a cumprir suas ordens.

— Por onde você andava?

— No rio, fui tomar um banho.

— Daqui a pouco daremos início ao cerimonial de encerramento da festa e, logo depois, eu e o imperador anunciaremos o casamento dos gêmeos com suas duas filhas. Vocês não poderiam ter me dado alegria e satisfação maiores do que essa. Tenho orgulho de vocês e agradeço aos deuses e à sua mãe por terem me dado esse presente tão valioso.

Como não poderia deixar de ser, meu bom e velho peito se inflou e eu já podia ver o poder e a fama acenando para mim. Senti-me vitorioso como se tivesse ganho, sozinho, uma batalha difícil. Na mulher, que era o meu troféu e a minha escada de ascensão, eu pensaria depois. Agora era só desfrutar o que viria.

Ao sair dos aposentos de meu pai, encontrei meu irmão em franca euforia. Parecia uma criança, de tanta alegria e espontaneidade. Ele me abraçou, dançou comigo, ria feito bobo. Não tive tempo de me irritar porque meus pensamentos iam longe: poder, fama, mulheres, fartura, domínio...

O ritual de encerramento começou. Os rostos, tristes, porém satisfeitos, eram muitos. Aquele povo todo ali reunido aumentava minha gana de poder e fama. As pessoas estavam atentas e ouviam respeitosamente as palavras de meu pai. Era uma reunião jamais vivida por nenhum de nós ali presentes, e a vontade de que o evento se repetisse estava estampada em cada um dos participantes.

Após o pronunciamento de meu pai, subiu ao palanque o imperador. Soberano que era, falou com mais autoridade ainda que o próprio rei, arrancando do povo urros, assovios e as mais variadas formas de aprovação. Findas as formalidades, para surpresa de todos, veio o anúncio do imperador:

— É com imensa alegria que aproveito esta reunião de amigos e irmãos para anunciar o enlace de duas de minhas filhas com os gêmeos deste nobre rei, que foi o excelente anfitrião desta festa inesquecível.

Ouviam-se gritos, viam-se pulos à distância, e ele continuou:
— Como podem perceber, hoje é um dia muito especial. Este casamento conta com minhas bênçãos e as do rei, e unirá nossas comunidades, o que será muito bom para todos. De hoje em diante, trocaremos conhecimento e força; seremos uma só família. Que os deuses abençoem estas uniões!

Assim dizendo, novamente o imperador arrancou do povo manifestações de alegria e de confiança. Depois, foi a vez de meu pai. Orgulhoso, satisfeito e feliz, ele falou como nunca ao povo, emocionando a todos exceto a mim. Meu irmão ria, entre lágrimas, e eu apenas sorria. Quando pensei que a festa fosse continuar, o imperador nos chamou ao palanque, nós quatro, e, para nossa surpresa, oficializou ali mesmo, no encerramento da festa, o nosso noivado. Meu pai só faltou explodir de alegria, meu irmão estava entorpecido de felicidade. As noivas estavam atônitas. Apenas eu mantive a postura. Minha mãe foi chamada ao palanque e o líder espiritual de nossa comunidade também. Ali, diante daquela multidão barulhenta e agitada, foi selado grande parte de nosso destino naquela encarnação.

Devidamente comprometidos, nos casaríamos em breve e assumiríamos responsabilidades que iriam muito além do compromisso com nossas mulheres. Os acertos da cerimônia e das condições do casamento seriam feitos por nossos pais; a nós cabia apenas aguardar e acatar suas decisões. Comecei então a sonhar com meu império, com meu poder e fama. Somente nisso eu pensava; ambicionava a cada dia um pouco mais. O sabor do poder me seduzia tanto que cheguei a esquecer a minha indisposição pela noiva de meu irmão; eu me esqueci até mesmo dele. Eu e somente eu era o que contava.

Enfim a festa terminou e os convidados começaram a deixar nossa comunidade, com exceção do imperador e sua família que, a convite de meu pai, permaneceriam mais um dia. O objetivo dele era dar início aos acertos do nosso casamento. Radiante, meu irmão esbanjava alegria, ao passo que eu ficava sempre mais sisudo. Olhava para a minha noiva tentando buscar dentro de mim algum sentimento, mas nada acontecia. Ela me era totalmente indiferente. Notei no olhar dela algo de bom. Acho que estava gostando da idéia de se casar comigo. Bom para ela, mas para mim, nada mudaria. Depois dela, eu tomaria por esposas quantas desejasse e pudesse sustentar. Eu tinha certeza absoluta de que haveria de ter muitas. Isso me consolava e tornava ainda mais indiferente meu casamento. Pobre mulher!

Embalado pelos meus sonhos ambiciosos, adormeci. Meu sono foi agitado; acordei algumas vezes durante a noite antes de começar a me desembaraçar do corpo físico para adentrar o mundo dos espíritos. É, meus irmãos, minhas vidas não foram fáceis; eu sempre fui difícil. Lá, no plano extrafísico, é que somos o que somos, e, se déssemos mais atenção aos nossos "sonhos", seríamos com certeza menos infelizes.

Pois bem, depois daquela agitação inicial, alcancei o desenlace do corpo e me desdobrei. No meu "sonho", o imperador apareceu vestido de branco, numa simplicidade nada condizente com a sua posição, e falou comigo assim:

— Meu filho, estou aqui junto de você. Cuidado com os seus desejos. A vida é muito mais do que poder, e a ambição pode pôr a perder uma jornada longa. Você se lembra de quando nos encontramos na colheita das ervas? Naquele momento, filho, eu quis que seu psiquismo registrasse que todo soberano, antes de qualquer coisa, deve ser humilde, deve compartilhar com aqueles que servem às coisas mais simples, pois, do contrário, jamais chega a ser realmente poderoso. A verdadeira liderança nasce da humildade, da justiça e, sobretudo, da força do amor, da compreensão e do amparo. Alivie seu coração de sentimentos menos dignos, e aí sim se lembrará de mim e compreenderá aquilo que no momento lhe parece tão difícil de entender. Não se esqueça de que a verdadeira felicidade nada tem a ver com a matéria, mas sim com o espírito, que não morre jamais. Cuidado! A queda pode ser muito dolorosa, desta e das próximas vezes. Se preciso for, frearei sua ambição com recursos que você nem pode imaginar, a fim de atenuar a sua derrocada. Quem ama se vale de tudo pela felicidade real do ser amado. Pense, filho, aceite com humildade o que chega! Seja fiel aos valores morais e sentimentais, pois estes são os tesouros que nós levamos da Terra. Estou sempre ao seu lado. Sou um amigo fiel. Cuidado, cuidado!

Ao despertar, como sempre acontecia comigo, as sensações se misturavam. Ao mesmo tempo em que me sentia agitado e aflito, sentia como se uma brisa suave tivesse invadido todo o meu ser, e nessa confusão de sensações fui procurar o líder espiritual. Só ele poderia me ajudar a desvendar o "mistério" daquele sonho tão cheio de contradições. No caminho que me levava até ele, a imagem do imperador, vestido em trajes brancos e simples, não me saía da mente, bem como a lembrança de nosso encontro na mata. A confusão dentro da minha cabeça estava armada e eu precisava urgente de ajuda. Imersos na carne, sob o providencial véu do esquecimento de quem realmente fomos, estamos sempre sujeitos a começar de novo, mas cada experiência leva consigo sempre algo de bom, porque nada regride; pode até estacionar, mas não volta atrás.

Até aqui, relatei de maneira muito sucinta duas de minhas encarnações — um breve tempo no plano espiritual —, e estamos no meio do relato de minha terceira encarnação, lembrando que as experiências anteriores a essas não fazem parte das minhas lembranças porque, como já mencionei, nem tudo nos é revelado ou retorna à luz de nossa memória espiritual com facilidade. O fato é que, como os amigos leitores podem perceber, estava prestes a cair novamente nas minhas próprias armadilhas. O desejo, a fama e o poder, quando em mãos imprevidentes, tendem ao fracasso espiritual das criaturas.

Dotados de inteligência e livre-arbítrio, nós, seres criados por Deus destinados à perfeição, devemos passar por uma série de lapidações, que são mais espirituais do que materiais, até chegarmos a esse patamar e compreendermos o amor como um sentimento universal, sem restrições. A cada encarnação, período no qual o espírito está num corpo de carne, adquirimos conhecimento e experiência, somos expostos ou não — a depender de nossa necessidade — às nossas fraquezas de maneira gradual, pois a misericórdia de Deus não dá a ninguém um fardo mais pesado do que se pode carregar; do contrário, a criação divina sucumbiria diante das próprias más tendências, as quais precisam ser resolvidas de forma definitiva por meio de provas. Por isso, precisamos enfrentar nossos próprios entraves para avançar moralmente e alcançar graus que nos elevem espiritualmente. As trevas só existem porque os seres se atrasam na lei do amor, da caridade e da indulgência.

Muitos entendem o bem de forma clara, repleta de luz, como se a luz contínua fosse propícia ao descanso e ao desligamento do espírito. A tão temida "treva" nada mais é do que a ausência do amor, da bondade, da compreensão de que nada somos. Nada mais é do que a ignorância do bem, não por não se saber que ele existe, mas por nunca se ter tido a chance de vivenciá-lo. Por isso, é importante amar, estender a mão, mesmo que isso pareça uma fraqueza ou estupidez. Na roda das vidas precisamos muito uns dos outros, pois somos ora credores, ora devedores, até que um dia nos unimos na lei máxima do amor incondicional, e nos tornamos parte uns dos outros, como na realidade sempre fomos.

Voltemos à história. Cheguei à tenda do líder espiritual, como sempre, inquieto. Na sua habitual calma, antes mesmo que eu abrisse a boca, ele falou:

— Os avisos chegaram. Você deveria dar graças por recebê-los, raciocinar, decidir e dar um rumo à sua vida. Tudo está em suas mãos. Seu passado o condena, mas o presente e o futuro, neste momento, cabem a você e a mais ninguém.

Por mais incrível que possa parecer, dessa vez entendi claramente as palavras do ancião. Em vão, tentei desfazer dentro de mim a ambição. Voltar atrás na minha palavra de noivo seria suicídio; ser amável com a futura esposa de meu irmão seria impossível; querer bem à minha futura esposa, só se fosse como irmã, ou seja, eu estava perdido. Esquecer os louros da minha glória significava romper com tudo; do contrário, ela, a ambição, me venceria fatalmente, pois era a única coisa pela qual eu me mantinha vivo. Coragem para romper com tudo não me convinha. Eu prezava por demais o conforto da minha posição, e só faria isso por algo muito bom em troca; e não era o caso. Apesar dos alertas, a minha alma não era tão nobre assim para ceder à renúncia e ao sacrifício. Então decidi:

— Eu quero ser imperador. Eu quero ser poderoso. Eu quero ser honrado e reverenciado. Quero ser amado por muitas mulheres, quero-as todas para mim. Quero filhos pródigos. Quero que o povo abaixe a cabeça quando eu estiver passando, que minhas ordens se transformem em leis. Quero vencer todos os conflitos, falar com os espíritos e por eles ser assistido, pois soberano eu serei, eu sou, eu quero. Não importa quem fui e sim o que serei. Não importa se o meu passado me condena, importa o que eu quero agora, e que os deuses protejam o meu futuro.

As emoções fortes pareciam não querer abandonar nossa comunidade, pois quando a festa terminou os preparativos começaram. Meu pai e o imperador fizeram os acertos, depois nos chamaram para comunicar como se daria a grandiosa cerimônia de um casamento tão incomum.

O acerto foi o seguinte: o primeiro passo seria a cerimônia na comunidade principal do imperador, em respeito às noivas, com uma festa que duraria três dias; o segundo passo, uma cerimônia em nossa comunidade, com a liberação, após mais três dias de festa, para que nos recolhêssemos a aposentos particulares com nossas esposas, e a exposição do tecido branco manchado com o sangue da perda da virgindade a todos os presentes, confirmando assim a "idoneidade" de nossas mulheres. O terceiro e último passo: a cada casal o imperador confiaria uma comunidade, com o ompromiso de que deveríamos delas cuidar, fazendo-as prosperar. Quanto aos filhos que nasceriam de nossas uniões, obedeceriam a uma hierarquia de poder semelhante à do nosso pai: seríamos os reis das comunidades e nossos filhos, príncipes e princesas.

Diante de tal acerto, compreendi que jamais seria o herdeiro do império daquele "misterioso" homem, e entendi que se eu quisesse me tornar tão poderoso quanto ele, teria de fazer o trabalho com as minhas próprias mãos. O acerto do casamento, portanto, estava longe de ser o dos meus sonhos, mas o desafio me inebriava. Eu mostraria a todos quem era e do que seria capaz. Esse gostinho, embora contrariasse meus sonhos iniciais, era ainda mais poderoso; instigava os meus instintos e a minha vontade. Só assim eu poderia superar o imperador, idéia que reforçou ainda mais a minha gana de poder. Superar aquele homem seria o máximo, e eu o faria. Eu sabia, dentro de mim, que podia.

Feliz e satisfeito vivia meu irmão, como de hábito. Para ele, os acertos estavam mais do que bons. Só uma coisa o incomodava, e, na qualidade de seu fiel companheiro, foi a mim que ele procurou para desabafar:

— Meu irmão, você sabe o quanto estou feliz, apaixonado e encantado com o nosso casamento, ainda mais por poder compartilhar ao seu lado dessa alegria que chega a nós dois de uma só vez. Só tem uma coisa que me incomoda: fico pensando se serei capaz de corresponder às expectativas do imperador. Acho que não sou muito hábil para cuidar de uma comunidade inteira sozinho. Estou preocupado com isso. O que me diz?

— Digo que não se preocupe, porque posso ajudá-lo. Sempre nos ajudamos um ao outro, agora não seria diferente, não é mesmo?

— Sim, isso é verdade, mas você não gosta da minha noiva e eu já notei que ela olha para você de uma maneira meio estranha, como se também não gostasse nem um pouco de você. Isto

me preocupa mais do que tudo, porque somos não apenas irmãos, somos gêmeos, e sempre sentimos as dores um do outro.
— É verdade, mas agora você já fez a sua escolha e está tão louco por ela que eu não ousaria fazer nada que atrapalhasse, mesmo não gostando dela. Vou respeitá-lo sempre.
— Eu sei, tenho certeza disso, mas o que me intriga é ela. E se ela não permitir que você me ajude em nossa comunidade? O que farei?
— Se isso acontecer, daremos um jeito de fazer as coisas de forma que ela não saiba. É simples, não sofra antecipadamente. Estarei ao seu lado sempre. Nem ela nem ninguém poderá nos separar. Relaxe e viva a sua felicidade! Deixe que do resto eu me encarrego.
— Você é muito bom, meu irmão. Muito obrigado. Sem o seu apoio não sei o que eu faria.
— Conto com você também. Se você tem um tipo de dificuldade, eu tenho outro; sabe disso, portanto nos ajudaremos mutuamente, como sempre fizemos, querendo os outros ou não.

Ao fim dessa conversa, um pensamento cruel passou pela minha cabeça, mas tratei de dissolvê-lo tão rápido quanto me chegou. Afinal, aquele era meu irmão.

Após o encerramento da festa e o fim do burburinho sobre a grande cerimônia, os líderes espirituais chamaram a mim e a meu irmão, à presença deles:

— Neste momento, demos início à limpeza energética da comunidade que, por ter recebido tanta gente estranha e diferente, sobrecarregou-se e deve ser limpa para que retome sua vida normal. Vocês dois são um caso à parte. Recebemos orientação dos espíritos para cuidar da bênção do casamento de vocês, mas não é só isso. Como já foi dito, os deuses pedem oferendas a fim de que a união com essas mulheres não acabe em tragédia. Nada do que está acontecendo é obra do acaso ou da vontade de seu pai. Os acontecimentos estão apenas obedecendo a ordem natural das leis que regem nossos destinos. Existe o devedor e o credor, e, dentro dessa lei, pode-se até adiar o pagamento, mas a dívida não é esquecida até que haja um entendimento sincero entre as partes, em que a honestidade e a vontade de perdoar imperem em ambos os lados. Sei por que me olham assim tão assustados: vocês não estão conseguindo entender. Mas isso não importa. O tempo lhes mostrará sobre o que estou falando. Agora, o que realmente importa são as oferendas que os dois juntos deverão depositar aos deuses para a sua proteção. Vamos a elas!

Pena que os líderes espirituais se esqueceram de nos avisar que as oferendas só teriam valor se nossos corações estivessem limpos e dispostos a assumir tudo o que nossa boca pronunciasse. Pena, porque naquele instante pensei que os deuses iriam apoiar minha ambição. Pena!

Durante a cerimônia de entrega, um fato novo aconteceu comigo. No auge do ritual, no exato instante em que eu e meu irmão depositávamos nossas oferendas e deveríamos fazer os pedidos, tive uma forte vertigem, seguida de um forte rodopio no corpo. Eu rodopiava, e por mais que tentasse parar não conseguia. Dois dos líderes espirituais se aproximaram, me fizeram parar e começaram a conversar comigo numa língua totalmente desconhecida por mim, embora eu respondesse a tudo nessa mesma língua. Estabelecemos um diálogo mais ou menos longo, diante do espanto dos presentes, que se limitaram a observar sem nada entender. Os únicos que compreendiam o que se dizia era o líder ancião e os que comigo conversavam. Meu irmão estava apavorado, assim como os outros. Ao final do estranho diálogo, fui conduzido pelos dois líderes até uma clareira imensa na mata. O restante das pessoas permaneceram onde estavam, seguindo a recomendação deles.

Ao chegar lá, deitei-me bem no centro da clareira com as pernas e os braços afastados, ou melhor, abertos ao máximo, numa posição de total alongamento. Essa é minha última lembrança daquele momento, pois daí em diante não consegui me recordar de mais nada. Quando voltei à consciência, estava no local das oferendas e o dia já havia findado. Recomeçamos então o ritual no amanhecer, presentes apenas eu e os dois líderes que me assistiram no transe. Já de volta, eles me acompanharam até a comunidade, recomendando que eu repousasse e não falasse com ninguém até o amanhecer do dia seguinte.

Tonto e confuso, não teria como desobedecer tais recomendações. Dormi, sonhei, revi. Entendi, mas não conseguia explicar nem mesmo a mim tudo o que havia acontecido. Só o meu espírito sabia. Na manhã seguinte, ao abrir os olhos, levei um susto tremendo, pois todos os líderes espirituais estavam em meus aposentos. Sinalizaram para que eu não falasse. Cobriram todo o meu corpo com ervas, que eu bem conhecia e cuja finalidade sabia qual era. Incensaram o aposento, bem como as pessoas ali presentes. Por fim, sentaram-se em círculo e iniciaram uma corrente de orações.

Embalado por aquele clima de calma e serenidade, adormeci novamente e só acordei três dias depois. Fraco e debilitado pelo longo sono, fui assistido pelo líder ancião até que minhas forças voltassem.

— Muito bem, filho.

— Afinal, o senhor pode me dizer o que houve comigo? Há quanto tempo estou imobilizado?

— Sim, podemos conversar. Será uma longa conversa; tenho muito a dizer e sei que você também.

— Meu bom senhor, a única coisa que sei é que algo muito estranho aconteceu comigo. Espero que o senhor possa esclarecer o que foi.

— Antes de mais nada, me diga o que sonhou durante todo o tempo em que esteve dormindo.

— Senhor, o sono que tive foi induzido por aquelas ervas de poder sonífero, e penso que sob o efeito delas nunca temos um sono normal; o sono sempre é agitado e povoado de pesadelos que a erva provoca. Estou errado?

— Não e sim, ao mesmo tempo. Você não sabe quais ervas usamos para provocar o seu sono, porque adormeceu sob leve efeito dessas que pensa que usamos. Mas nós usamos na verdade as que não interferem no espírito, ou seja, aquelas que dizem respeito apenas ao corpo e não à mente, compreende?

— Sim, compreendo. É por isso que o senhor quer que eu lhe conte meus sonhos.

Relatei então todos os sonhos que tive e que gostaria muito de evitar. Detalhes, como se eu realmente tivesse sido transportado para outros tempos e mundos, eram ricos em minhas lembranças. Foi quando tive a confirmação de que as ervas que eles haviam usado eram de um tipo que conservava a nossa lucidez mental. Entendi o porquê, finalmente, dos acontecimentos recentes, mas não sabia ainda o que fazer para modificar alguns, mesmo porque existiam pontos obscuros em meio a tudo aquilo.

Algumas coisas pude compreender com clareza; outras, por

mais que eu me esforçasse, não conseguia entender. Foi nesse ponto de meus relatos e confusões que o velho líder pôs-se a falar:

— Filho, você está num momento de sua existência em que deve fazer escolhas, e, para que essas escolhas não prejudiquem ainda mais o seu espírito endividado, é que deve pesar bem todos os seus atos e pensamentos. Até aqui tudo o que tem acontecido é para o seu benefício. A ajuda tem vindo até você não só do Alto, mas também de amigos espirituais que retornaram próximos a você para melhor auxiliá-lo nesta jornada. Muitos erros foram cometidos, muitas dívidas foram contraídas, e você sabe disso porque viu e sentiu tudo durante o sono. Todos os alertas para que não sofra uma nova queda espiritual foram dados; nada mais resta a ser feito, pois está tudo aí, claro como o dia; tudo lhe foi revelado. Até mesmo aquele seu velho inimigo espiritual se manifestou, através de você mesmo, e falou coisas de que talvez não possa se lembrar, porque a língua que usou para se comunicar é a que vocês falavam naquela ocasião. Eu e os líderes que conversaram com o comunicante só conseguimos compreendê-lo porque ele estava visível e audível apenas para nós, e o espírito guardião de nossa comunidade traduzia o que o seu velho desafeto dizia. Sei que está curioso para saber o que afinal aquele espírito encolerizado dizia e queria de você; sei que a curiosidade está lhe corroendo, mas não vou dizer tudo o que ele deseja por ter certeza de que não será bom para você. A única coisa que deve saber, até porque é mais um alerta, é que os dois fizeram um pacto no passado que não é nada bom. Na época, você estava encarnado e ele, no plano astral. Foi um pacto em que você lhe oferecia o sangue de homens jovens e valentes e, em troca, ele lhe conferia inúmeros poderes, virilidade etc. Tudo isso a um preço alto demais. Acontece que, de alguma forma, depois de muito sofrimento no plano astral, você se liberou de todo esse mal e conseguiu, com muito esforço e dor, dar um passo a mais na sua evolução, o que infelizmente não aconteceu com ele, que vaga até hoje em busca de todos aqueles que colaboraram com a sua constante permanência no plano sombrio.

Depois dessa recente manifestação, ele foi conduzido pelos espíritos amigos e protetores de nossa comunidade, a um local no Astral onde poderá ter a chance de melhorar e evoluir, pois, assim como nós, ele também é filho dos deuses, que nunca desamparam quem quer servir à luz. Ele finalmente se rendeu, e depois de muito esbravejar aceitou ajuda. Vamos sempre, meu filho, rogar aos deuses e aos espíritos benfeitores pela alma dele. Não se esqueça de pedir sempre por ele, pois de qualquer forma também colaborou para o seu infortúnio. Muito bem filho, está tudo dito! De hoje em diante, você está por sua própia conta. Faça suas escolhas, viva a sua vida. Quando precisar de forças para suportar as dores da vida, estaremos sempre aqui para tentar aliviá-lo; quando o fardo parecer muito pesado, estaremos apostos para dividir com você o peso, mas somente até que se fortaleça novamente e retome seu caminho, porque cada um de nós é responsável pela edificação de seu presente e de seu futuro, tanto aqui na Terra quanto lá, no Alto. Meu desejo sincero, de pai espiritual, é que você seja realmente mais feliz nesta jornada, e dela possa sair com um brilho a mais, que repercutirá em seu espírito eterno — finalizou.

Lágrimas rolavam pela minha face. Como puderam perceber, meus caros irmãos, a mediunidade sempre esteve presente em minhas vidas. Até aqui fiz muito pouco por mim e pelos outros, amparado por esse maravilhoso dom que pode tanto nos elevar quanto nos destruir, conforme o caminho escolhido. Hoje sei que todo o cuidado é pouco quando se lida com o plano espiritual. Hoje conheço bem quais as conseqüências quando abusamos desse dom gratuito que Deus nos concede para que colaboremos com a Sua obra, auxiliando das mais variadas formas os Seus filhos, pois, sendo tudo à nossa volta criado por Ele, toda a Sua criação é divina e merece nosso respeito e atenção. A mediunidade não é apenas um fenômeno que intriga e causa admiração, é um dom natural do homem que, a exemplo do próprio Cristo, cura, alivia, encaminha, orienta. É nesse sentido que toda a mediunidade deveria caminhar, mas o que comumente acontece é a perda desse fio da meada, e o que deveria ser tratado com esmero é relegado a um plano vulgar que remete ao sofrimento, à angustia e à dor pungente daquele que não honrou seu compromisso com o nosso Pai. Hoje eu sei.

6
O "grande" dia

Os preparativos para o grande casamento estavam começando, e de novo a comunidade se envolvia num clima de festa. Todos nós gostávamos muito disso. Meu irmão parecia a própria noiva: se desdobrava em cuidados com tudo o que estava relacionado à cerimônia. A felicidade era explícita em seu rosto, em seus atos. Resolvi não permitir que a alegria dele me incomodasse, pois nos últimos dias eu havia passado por uma prova e tanto.

Do lado do imperador, soubemos que sua comunidade principal também estava toda envolvida com os preparativos. Soubemos ainda que nossas noivas estavam muito felizes e dispostas a ser as mais belas já vistas numa cerimônia de casamento, o que para mim era natural, sendo elas filhas de quem eram. Já o meu irmão pensava que tanto capricho se devia ao fato de elas estarem apaixonadas por nós. Sim e não, pois toda noiva, desde os mais remotos tempos, pensa ser o dia de seu casamento o melhor dia de sua vida. Para mim isso era bobagem, porque a paixão me era um sentimento desconhecido.

Tive de me envolver obrigatoriamente com os preparativos; afinal, era o meu casamento, mas a empolgação estava longe de tomar conta de mim. Eu fazia tudo com naturalidade, mas sem alegria. Meu pai era só orgulho e vaidade, pois os primeiros frutos de nossas uniões com as filhas do imperador já começavam a aparecer: acordos comerciais vantajosos haviam se firmado entre meu pai e ele. Nessa altura, tive de frear as minhas ambições, e isso fazia com que meu brilho se apagasse. Os aconteci-

mentos dos últimos dias haviam realmente me acabrunhado e eu vivia mais melancólico que qualquer outra coisa. Meu irmão, que me conhecia muito bem, percebendo o meu estado de espírito, quis saber o que estava acontecendo:
— De novo você está assim esquisito, o que há dessa vez?
— Como o que há?
— Você está visivelmente triste; até parece que vai morrer!
— Se tivesse chegado a minha hora, talvez eu realmente estivesse me sentindo melhor.
— Que conversa é essa, meu irmão? Ânimo, vamos lá! Seremos felizes, você vai ver!
— Isso é o que você pensa e sente, mas desta vez nossos sentimentos não são os mesmos. Não consigo me alegrar com a sua felicidade e você não consegue sentir a minha tristeza. Acho que estamos nos separando.
— Ah! Mais essa agora! É ciúme de mim o que você está sentindo?
— Não, não é isso não. O que acontece é que eu não estou apaixonado, e você está. Eis a grande diferença entre nossos humores.
— Você não me engana, não é só falta de paixão o que você está sentindo, tem mais alguma coisa dentro do seu coração que você não quer contar nem para mim.
— Pode ser que nem mesmo eu saiba o que estou sentindo. Já pensou nisso?
— Sinceramente não. Você sempre soube tudo sobre os seus sentimentos e impulsos e, agora, de repente, não sabe mais. Não entendo.
— Deixe pra lá, vá viver a sua vida, a sua paixão, e me deixe com os meus pensamentos. Vai ser melhor para você não se envolver com as minhas cismas, vá!
— Vou nada, você é meu irmão e eu lhe quero muito bem. Se precisa conversar, vou ficar aqui, ao seu lado, até que resolva abrir a boca e me deixar ajudar.
— Você não pode me ajudar porque nem mesmo eu posso. Você sabe o que passei dias atrás, e tudo isso ainda me deixa muito cismado, atormentado até.
— Então é isso. Realmente não foi fácil a sua prova. Já sei o que está incomodando tanto. Realmente eu nada posso fazer

porque, neste caso, só mesmo você é quem pode.
— Eu não disse? Agora vá cuidar da sua vida e me deixe em paz!
— Paz é uma conquista do espírito que só é alcançada com muito esforço pessoal, doação, resignação e fé. Se nada posso fazer por você que seja palpável ou visível, posso, na quietude do meu coração, pedir aos deuses e aos espíritos que a força o alcance e o mal não o vença. Posso pedir que a sua mente se ilumine e perceba que, bem ao seu lado e dentro de você mesmo, é que residem os tesouros mais caros. Na Terra eles não têm preço porque são jóias eternas que daqui levaremos, chamadas amor, compreensão, tolerância, enfim, todo o bem que se pode fazer, sentir e pensar.
— O que foi que deu em você? Também está tomado por algum espírito?
— Pode ser, não sei, mas, se fui tomado por um espírito para lhe dizer essas belas e verdadeiras palavras, então muito grato sou aos deuses e ao tal espírito.

Assim dizendo, meu irmão se afastou de mim serenamente, indo, como eu lhe havia pedido, cuidar de sua vida, que certamente era muito melhor que a minha. Fiquei pensando na transformação que acontecera com ele enquanto falava aquelas palavras tão bonitas. Parecia outra pessoa: meigo, seguro, sereno, transmitia paz. Sua vibração se modificou e, ao mesmo tempo em que era calma, era também poderosa.

A data do casamento foi acertada entre meu pai e o imperador em um encontro que tiveram por ocasião de uma viagem de meu pai a uma das comunidades lideradas pelo grande homem. Na volta, meu pai nos comunicou que o casamento aconteceria, nos moldes acordados, dali a um mês. Tremi. Meu irmão pulou.

A alegria explodiu na família. Abraços, pulos e até tambores começaram a ser batidos, e, ali, naquele exato momento, começava mais uma festa envolvendo toda a comunidade até o amanhecer do dia seguinte.

Dessa vez, eu não tinha como escapar. Teria de me casar, abrindo mão dos meus sonhos dourados de glória e poder. Eu sabia que teria de fazer as coisas de uma forma modesta, trabalhando para o progresso da comunidade que a mim seria destinada, sem almejar grandes vôos. Estava difícil engolir isso. Por mais que me esforçasse, não conseguia abrir mão dos meus

sonhos, da minha vontade. Contrariado e angustiado, fui em busca do velho ancião:
— Meu bom pai espiritual, preciso falar com o senhor.
— Sim, filho.
Nem precisei abrir a boca. Ele começou a falar e, enquanto eu o ouvia, sentia o doce aroma de ervas calmantes se espalhando no ar e tranqüilizando o meu atormentado espírito. Tudo o que ele me dissera eu já sabia, mas a maneira de falar e os seus conselhos aliviaram muito a minha tensão e renovaram as minhas frágeis forças. Saí de sua presença bem melhor e mais consciente das minhas responsabilidades. Mas garantir que conseguiria fazer tudo como era recomendado eu não podia, pois mal havia começado a me esforçar já sentia esmorecerem as forças necessárias para vencer a mim mesmo. Como era difícil!

Assim como toda jornada na Terra, os dias iam passando. O "grande dia" ia se aproximando e minha inquietação só crescia. Sete dias antes do casamento, vivi como se estivesse dentro de um pesadelo. Passei a ter o mesmo sonho todas as noites: eu me via como um frio assassino a degolar, sem piedade, um homem que me afrontava. Dessa vez, mais ou menos ciente de meus débitos passados, não procurei por aquele que me acalmava e esclarecia; haveria de vencer por mim mesmo todos os desafios; afinal, no jardim de minhas jornadas, sabia que em vez de flores eu havia plantado muitas ervas daninhas.

O dia do casamento raiou esplendoroso, como todos na África. Os preparativos finais geravam um grande tumulto na comunidade, apressada por bem cumprir tão nobre tarefa, pois não era comum dois casamentos celebrados ao mesmo tempo; menos comum ainda casamentos de gêmeos com duas irmãs. Realmente, esse era um fato histórico que haveria de ser contado aos netos de todos ali presentes.

Meu irmão sorria até para o ar. Todos traziam a alegria e a animação estampados em seus semblantes, exceto eu, é claro! Uma hora antes do início da grande cerimônia, veio ter comigo e com meu irmão o grande imperador, que assim falou:
— Hoje é um dia muito especial para todos nós. A vocês confio minhas filhas e duas comunidades sequiosas por ascensão e prosperidade. Que a força dos deuses esteja com vocês! Diante de mim, neste momento, peço que façam um juramento.

Se inquieto eu estava, imaginem o que senti diante daquelas palavras proferidas com toda a autoridade por aquele homem respeitado e poderoso, senhor de várias tribos, líder nato.

Juramos fidelidade ao imperador, prioridade às nossas esposas, que, por serem as primeiras, desfrutariam de privilégios, e prometemos fazer prosperar as comunidades que a nós seriam confiadas, lutando por elas e tratando com dignidade o povo que por nós seria comandado.

Pobre do meu irmão, durante o juramento, tremia feito vara ao vento. Com o canto do olho buscava meu socorro. A figura do imperador e sua voz eram imponentes até para mim, façam idéia do pavor que naqueles minutos tomou conta dele, que era todo fragilidade. Não posso responder pelo meu gêmeo, mas eu, naquele instante, fiz a mim mesmo um juramento: seria igual ou mais que o imperador.

Enfim nos casamos. A festa foi espetacular, melhor ainda que a oferecida pelo meu pai. Nossas mulheres se desfaziam em sorrisos, acenos, lágrimas, brincadeiras e orgulho. Meu irmão parecia viver em outra dimensão. Eu continuava o mesmo. Nem todos os trejeitos de minha esposa roubavam de mim alguma manifestação diferente do que a de costume. Apenas uma coisa durante o período de festas mudara em mim: passei a ser ainda mais orgulhoso e soberbo, afinal eu era o "dono" de uma das filhas do homem mais poderoso da África. É... realmente isso fazia diferença e inflava meu peito, já tão acostumado à soberba.

Tomar aquela pobre criatura por esposa não era tarefa difícil para mim. Ela passara a significar o conforto de se ter uma boa amante disponível a qualquer hora do dia ou da noite, além de a alavanca para a concretização de meus sonhos. Eu sabia, por tudo o que tinha passado espiritualmente até então, que deveria me valer de meios lícitos e dignos para chegar ao topo de minhas aspirações. Eu sabia.

Findos os festejos, era chegada a hora de começar nova etapa em nossas vidas. Eu e meu irmão tomamos posse das comunidades que deveríamos fazer prosperar. O povo nos recebeu com festa. Nossos aposentos eram de um conforto pouco comum, e me senti satisfeito, pois tudo o que é bom se torna de fácil adaptação.

7
Árduo trabalho

Devidamente instalados, cada qual em sua comunidade, daríamos início à efetiva tomada de posse das terras, bem como de tudo o que nelas houvesse. Logo de início, a insegurança de meu irmão ficou visível, mas eu estava ali e, como tinha prometido, certamente o ajudaria.

Até aquele momento eu havia me esquecido da antipatia, aparentemente sem razão de ser, pela minha cunhada. Antes o esquecimento pudesse continuar, mas, passada a euforia, logo tornei a me lembrar e o frio na espinha voltou. Pedi proteção aos deuses. Era só o que eu podia fazer, pois desconhecia a causa de tamanha indisposição.

A exuberância da natureza que circundava as comunidades era imensa. Tão belo era aquele lugar que, ao ser observado com calma, nos elevava à morada dos deuses. É, mesmo sendo uma alma tão endividada, momentos existem nos quais todos, do mais vil ao melhor dos homens, usufruem da comunhão com Deus através de Sua criação, perfeita e enorme. Observar tudo o que nos rodeava trazia conforto e força às nossas almas que, amparadas por toda aquela energia natural, deveriam seguir adiante.

Nosso primeiro dia como chefes de comunidades raiou belo, sereno, repleto de sons que, ao invadirem nossos tímpanos, nos transportavam à calma, à alegria, à paz. Mas, como não só de belas reflexões vive um homem, o árduo trabalho nos esperava. Pelo menos, tínhamos à nossa disposição toda aquela beleza que certamente muito ajudaria na realização das difíceis tarefas que viriam pela frente. Reuni toda a minha comunidade, a fim de me apresentar oficialmente àqueles que dali por diante seriam meus comandados, e sugeri ao meu gêmeo que fizesse o mesmo. Notei nas pessoas sentimentos dos mais diversos: uns demonstravam alegria e confiança; outros, preocupação e cautela. A realidade, no entanto, era que eu chefiaria aquela comunidade gostassem ou não.

Minha segunda providência foi reunir os líderes espirituais que, para minha grande surpresa, somavam apenas três. Questionei-os quanto a esse irrisório número, pois seria o meu primeiro movimento como chefe. Para consertar o primeiro grande erro que encontrei, teria de contar com a ajuda de alguns outros líderes espirituais, que decidi mandar buscar na tribo de meu pai sob forte, mas velado, protesto dos outros.

Imediatamente fui ter com meu irmão para me certificar se com ele o mesmo estava acontecendo. Encontrei-o nos braços de sua esposa, qual criança faminta de mimo. Tal visão trouxe à tona a raiva que eu sentia daquela mulher. Ao me verem, desfizeram o abraço e vieram ao meu encontro, sorridentes e felizes como se no mundo existissem apenas os dois. Perceberam rapidamente que o meu semblante estava sério e mais sisudo que de costume, e então engoliram o riso e começamos a conversar:

— Seja bem-vindo à nossa comunidade, meu irmão!

— Obrigado. Tenho um assunto sério para tratar com você, em particular.

Após essa frase curta e direta, notei o olhar contrariado de minha cunhada que se distanciou de nós sem mencionar qualquer palavra.

— Gostaria que fosse mais gentil com minha esposa. Você a assustou.

— Não tive intenção de assustá-la. Você sabe que esse é o meu jeito de ser e que sou o mesmo com todos. Bem, o assunto é o seguinte...

Fiz então um breve relato sobre o que acontecia na minha comunidade e a resposta que ouvi me decepcionou, pois ele simplesmente ainda não havia se inteirado sobre assunto tão grave na sua comunidade. Decidimos realizar juntos essa primeira e primordial tarefa, mas senti que ele ficou envergonhado por tamanha negligência. Resolvi adverti-lo mais pesadamente, lembrando que agora era um líder, não apenas um marido apaixonado e cego. Mais uma vez, meu irmão baixou o olhar, desculpando-se e assumindo o seu erro.

Muito bem, finda a conversa, mandamos chamar à nossa presença os líderes espirituais que se apresentaram em quantidade exata de 21, com funções específicas, como era o recomendado. Envergonhado e surpreso, perguntei ao meu irmão se ele já os havia reunido, ou se simplesmente queria brincar comigo. Ele negou, dizendo que jamais brincaria com assunto tão sério. Acreditei.

Então, dispensamos os líderes e permanecemos só nós dois. Passados alguns poucos minutos, a feliz esposa aproximou-se perguntando se podia se juntar a nós, ao que respondemos, os dois juntos, afirmativamente. Antes negássemos a sua presença, talvez assim não tivéssemos nos batido de frente tão fortemente, pois, ao se juntar a nós, ela começou a falar:

— Sabe, cunhado, antes de vir para cá com seu irmão, ou melhor, mesmo antes de nossa união, perguntei ao meu pai qual seria a comunidade que ficaria sob a responsabilidade dele. Quando meu pai me informou, esperta como sou, resolvi mandar investigar sobre como as coisas funcionavam por aqui. Meus informantes me relataram várias coisas, mas o que me chamou mais atenção foi o fato de a liderança espiritual ser bem precária. Decidi então, por minha conta, com autorização de meu pai, é claro, mandar para a nossa comunidade uma boa liderança espiritual, a fim de proteger nosso casamento e, obviamente, a comunidade que seria nossa. Meu pai se orgulhou muito pelo meu interesse e reuniu pessoalmente esses líderes, mandando-os para cá juntamente com suas famílias. Eu ainda não havia comentado isso com seu irmão por razões pessoais, mas tenho certeza de que quando conversarmos em particular ele vai me entender.

Não posso descrever com palavras os meus sentimentos naquela hora nem a surpresa estampada no rosto de meu irmão. Também não seria possível descrever a altivez e a prepotência daquela mulher que, naquele momento, se colocou em franca vantagem diante de mim, mirando-me de cima, como se tivesse me ultrapassado no final de uma corrida. Se nutria por ela um sentimento de raiva que me parecia sem fundamento, agora ele se transformara em ódio. Sem conseguir pronunciar uma palavra sequer, saí dali louco, alucinado, querendo matá-la, querendo tirar meu irmão dela, afogá-la, torturá-la.

Cheguei em minha tenda cheio do ódio por aquela mulher, irmã de minha esposa, que, como eu e meu irmão, era totalmente diferente dela. Assim que esta me viu, percebeu o meu desequilíbrio e aproximou-se com carinho, dizendo:
— O que houve? Você precisa de alguma coisa?
— Não, não preciso de nada. Por favor, não mande ninguém me procurar, vou passar a noite sozinho na mata, e não me pergunte por quê.

Resignada, como era de seu feitio, ela nada mais disse. Arrumei algumas coisas numa trouxa e saí sem rumo. No meio da noite, cercado pelos animais, que começavam a despertar para a caçada em busca de alimento, caminhei sem medo, totalmente exposto ao perigo. Era isso mesmo que eu queria naquele momento: o desafio, a superação, pois nenhum animal, por mais selvagem e violento que fosse, poderia se comparar ao golpe traiçoeiro que eu havia recebido de um ser humano. Em meu inconsciente, quis provar a mim mesmo que ainda era superior. Caminhei por horas, até que resolvi parar e colocar em ordem os pensamentos, que corriam densos até aquela altura.

Ao olhar ao redor e ouvir o som noturno dos animais selvagens foi que me dei conta do perigo ao qual me havia exposto. Subi o mais alto que pude, no topo de uma frondosa árvore, e ali, desarmado de qualquer ferramenta que me defendesse, mas totalmente armado contra aquela mulher comecei a refletir sobre o ocorrido. Urrei como os animais, mas, como fosse o meu urro de ódio e não de fome, percebi um silêncio aterrador na mata, como se os habitantes da noite tivessem se amedrontado e fugido para seus esconderijos, o que muito provavelmente me salvou de possíveis ataques. Passado algum tempo, envolto pelas criaturas noturnas à espreita, e em meio a mais profunda escuridão, comecei a esboçar meus primeiros pensamentos racionais:

"Como, como poderia ter tido ela, uma simples mulher, uma visão tão adiantada? Será que ela também me odiava e, de alguma forma, conhecia minhas aspirações? Será que queria usar meu irmão para acabar comigo? Mas que razão teria para isso? Quem eram ela e o pai, afinal? Seriam eles algum tipo de magos? Por que não pensei como ela, antes dela? Será que ela queria dominar meu irmão e governar, nos bastidores, a comunidade? Inocente como era meu irmão, isso seria fácil. Ah, mas eu não iria permitir isso! Se ela esperava valer-se de meu irmão, haveria antes de se ver comigo."

E, nesse ritmo alucinado, seguiam embaralhados os meus pensamentos.

Aquela noite passou num piscar de olhos. Quando dei por mim, os primeiros raios do novo dia cobriam a mata. No lugar dos assustadores e sinistros sons de animais, despertavam para um novo dia os animais diurnos, fazendo alvoroço e alarde, como se celebrassem a grandiosidade do Criador. Mais calmo, porém cheio de dúvidas, busquei me localizar para poder voltar. Isso feito, percebi o quanto havia me distanciado e a exaustiva marcha que me esperava. Pelo caminho, sozinho, cansado e faminto, lá ia eu com meus pensamentos e a firme convicção de que dela eu haveria de me vingar de alguma forma. Agiria como ela, feito serpente que, em silêncio, arma o bote para depois atacar e cravar seu veneno.

O caminho de volta foi muito mais longo do que eu esperava. Olhando agora melhor ao meu redor foi que realmente me dei conta do risco que corri no meio daquela perigosa mata densa. Depois de muito caminhar, cheguei exausto; só fiz me alimentar e deitar, para finalmente, após longas horas de vigília, poder repousar. Quando acordei, a tarde já caía e minha esposa estava ali, ao meu lado. Com olhar interrogativo, mas sem nada falar, esperou que eu me pronunciasse. Comecei a gostar mais dela pelas suas atitudes submissas. Era assim mesmo que eu queria que todos fossem.

Levantei calado e da mesma forma saí, a fim de me banhar no riacho que corria ali por perto. O banho naquelas águas serenas e limpas renovou o meu ânimo. Agora era só pôr novamente as idéias em ordem e seguir adiante. De volta à minha tenda, decidi conversar com minha esposa:

— Ontem estive com meu irmão e sua irmã. Estou muito aborrecido com ela. Parece mais uma serpente do que uma mulher. Vocês são muito diferentes mesmo, graças aos deuses.

— Sim, desde crianças sempre fomos muito diferentes. Ela tem um jeito masculino de ser. Mas o que houve para que você tenha ficado assim tão zangado?

— Imagine que ela, antes de se casar, pediu ao pai que mandasse para a comunidade deles uma equipe espiritual completa e pronta para que, quando chegassem já casados, essa questão estivesse resolvida. Ela passou por cima da autoridade do marido e, o que é pior, com o consentimento e a bênção do próprio pai. Que ousadia!

— Eu não sabia disso. Meu pai nada me disse e tão pouco ouvi qualquer comentário sobre isso lá em casa. Cuidado, ela pode estar mentindo; ela adora pregar peça nos outros. É muito brincalhona, essa minha irmã.

— Como assim? Ela jamais poderia se atrever a brincar com um assunto tão sério.

— Ela brinca com tudo: com assunto sério, sem importância, com a aparência das pessoas, com tudo enfim.

— Neste caso, creio que você é que se engana, minha esposa. Se ela estivesse brincando, não teria ali, na comunidade deles, uma equipe completa que se apresentou a mim e a meu irmão.

— Não sei, não. Prefiro conversar com ela. Eu a conheço muito bem, e para mim ela não consegue sustentar uma mentira ou brincadeira.

A conversa com minha esposa colocou uma dúvida a mais na minha cabeça: será que aquela maldita estava só brincando? Teria ela se escondido e escutado a minha conversa com meu irmão e armado aquele teatro? Vindo dela, até que isso era mesmo possível. Maldita!

Aquela foi mais uma noite maldormida por conta do atrito entre mim e minha cunhada. Ela havia tocado profundamente meus brios, e, com isso, só conseguiu aumentar ainda mais a aversão que eu sentia por ela. Nas primeiras horas do dia seguinte, meu irmão veio me visitar. Estava sério. Estranhei, pois esse não era seu hábito. Ele nos cumprimentou e quis falar a sós comigo, o que de pronto atendi.

— Meu irmão, o que tenho a dizer é grave. Não sei nem como começar. Estou muito envergonhado e decepcionado.

— Vamos lá! Vá em frente! Por pior que seja o que tem a me dizer, sabe que pode contar comigo e com minha compreensão sempre.

— Sei disso, mas é tão embaraçoso para mim.
— Pare com isso! Assim você vai acabar é me deixando mais zangado do que já estou.
— Você está muito zangado?
— Sabe que sim. Agora pare de me embromar e diga lá a que veio.
— Meu irmão, sabe aquela história que a minha mulher nos contou naquele dia?
— Sei bem, vamos adiante, fale, homem, sou seu gêmeo, não um qualquer!
— Pois é, perdoe a minha mulher, meu irmão. Ela só estava brincando. Quis pregar uma peça porque você chegou lá, todo arrogante, querendo falar só comigo. Ela se ofendeu, escutou nossa conversa e armou aquela brincadeira. Não foi por mal, ela é apenas uma criança grande que adora brincar. Por favor, releve!
Senti o sangue ferver em minhas veias ao ouvir aquelas palavras. Minha vontade, naquela hora, era esganar aquela maldita.
— Meu irmão — continuei, contendo ao máximo minha ânsia de explodir —, o que me diz? Por acaso se brinca com os deuses, com os espíritos? É certo agora brincar com um assunto sério como esse? Sua mulher está bem de saúde mental?
— Perdoe, irmão. Sei que ela errou, mas, como já disse, ela gosta de brincar e...
— E o quê? Por quem estão me tomando, vocês dois? Por algum cretino que aceita assim uma brincadeira estúpida como essa? Onde é que você, tão sábio e dedicado, está com a cabeça? Enlouqueceu junto com ela? Na verdade, quem está decepcionado sou eu, não com ela, e sim com você. Estou pasmo e muito decepcionado com você.
— Eu não sabia que ela estava brincando; do contrário, não permitiria que isso acontecesse.
— Está bem. Não quero continuar a conversar com você agora. Vá embora!
— Irmão, por favor, preciso muito de você, releve, por mim.
— Já disse para ir embora. Não tenho a menor condição de raciocinar agora. Vá embora!

Assim dizendo, dei as costas para meu irmão e fui descarregar a minha raiva em outro lugar.

Brincadeira ou não, aquela mulher mexia com meus nervos. Só de pensar no perigo que passei, na falta de sono, no ódio que amarguei, crescia mais e mais dentro de mim a vontade de acabar com ela. Em meio a esses pensamentos densos, eis que surgiu diante de mim uma imagem. Eu sentia que conhecia a vibração daquele espírito, mas não pude reconhecê-lo de pronto. Apenas procurei me acalmar para poder absorver melhor aquela energia de calma que dele emanava. Em questão de poucos minutos, a imagem desapareceu, mas deixou em mim algo de muito bom que me ajudou a refletir sobre tudo o que estava acontecendo com mais calma.

Eu sabia que não seria fácil chegar onde eu queria. Depois da aparição, pude pensar melhor e concluir que aquele era apenas o meu primeiro desafio: muitos outros viriam e eu não estava disposto a me deixar abater assim tão fácil. Agora sim, me sentia eu de novo. Agora sim eu estava refeito. Simplesmente ergui a minha cabeça e retomei a minha rotina com naturalidade, certo de que a vitória seria minha e de que a guerra estava apenas começando.

Ciente agora das precárias condições espirituais da minha comunidade, pedi reforços e ajuda. Lento como meu irmão era, sabia que ele teria dificuldades e também precisaria de ajuda. Resolvi então buscar apoio para ele também, mas anonimamente, é claro, porque naquele momento a última coisa que eu queria era rever aquela mulher.

Pensado e feito! A ajuda chegou para mim e em breves dias chegaria para meu irmão. Tratei de cuidar da minha vida, deixando de lado aquele a quem eu tanto amava. Trabalhei muito na comunidade: refiz as hortas, as plantações, ensinei técnicas de plantio e de manejo do pasto para o rebanho, que logo consegui duplicar. A ajuda espiritual me chegou a contento; sobre a de meu irmão não tive notícias por um bom tempo. Deixei de pensar nele enquanto me ocupava. Enquanto isso, eu já contava com mais uma esposa, fogosa mulher que muito me atraiu pela beleza, desenvoltura e ritmo; dançava como se fosse única. Com ela começou a esboçar, dentro de mim, algo parecido com paixão. Pobre da filha do imperador, que passou bons meses sem "me ver". Filhos? Até então nenhum. Não me preocupei. E assim a vida seguia, muito trabalho e pouco tempo para pensar em coisas menores. Realmente o trabalho livra o homem das armadilhas que o pensamento articula. Em meio a essa tranqüilidade e rotina, chegou à minha comunidade um mensageiro. Imediatamente o reconheci como sendo da parte do imperador. Recebi o homem, dei-lhe de comer e beber. Acomodado e descansado, ele então transmitiu a mensagem do imperador, que chegaria em poucos dias para uma visita.

Mandei chamar minha esposa, sabia que ela exultaria com a notícia, e assim foi. Seus olhos brilharam de emoção e alegria ao saber que o pai viria nos visitar. De minha parte, eu só queria mostrar o quanto a comunidade havia progredido sob o meu comando. Claro que faria algumas arrumações a mais para receber o grande homem, bem como o receberia com festa e ritual espiritual dignos de sua autoridade e nobreza. Comecei mais esse trabalho animado por mostrar do que eu era capaz àquele que era o grande chefe dos chefes.

No dia seguinte, recebi mais uma visita: a dê meu irmão, que eu revia depois de muito tempo. Ao vê-lo, senti uma desconhecida emoção. Ele se aproximou, olhou dentro dos meus olhos e, sem nada dizer, me abraçou forte, tão forte que pude sentir em meu peito as batidas aceleradas do seu coração.

— Que saudades, meu irmão! — disse, sinceramente.

— Tenho trabalhado muito, como você mesmo pode ver.

— Sim, posso ver o resultado do seu trabalho. Eu sempre soube que você era muito capacitado, forte e competente.

— E você? Como tem passado?

— Estamos todos bem e felizes duplamente: primeiro pela notícia da visita do imperador, segundo porque vou ser pai, meu irmão. Vem aí um filho meu, e você não pode imaginar o quanto estou feliz por isso.

Ao ouvir a notícia, meu espírito estremeceu, exatamente como vi minha cunhada pela primeira vez. Tive medo do meu sentimento e dificuldade para disfarçar o meu dissabor diante da completa alegria de meu bom irmão.

— Parabéns, uma criança sempre traz alegria e é a nossa continuidade. Que bom para você, meu irmão! Que os deuses abençoem a nova vida que vem por aí!

— Sim, peço isso mesmo a eles, que abençoem minha mulher e a criança. Imagine, meu irmão, a alegria do imperador quando souber da grande nova! Ele vai exultar, você não concorda?

Tive de concordar com meu irmão. Realmente aquela notícia alegraria muito o imperador, e conseqüentemente diminuiria a atenção dele para comigo e para com o meu árduo trabalho.

Apesar de todos os meus esforços, mais uma vez, ela me passava a perna, chamando para si e meu irmão toda a atenção que eu tanto desejava. Mais uma vez senti raiva dela, sentimento que só se avolumava.

Fiz o que pude de benfeitorias na comunidade para amenizar a atenção que o imperador daria à criança que vinha. Tudo, do bom e do melhor, preparei para a sua chegada. Minha mulher me ajudou bastante; já minha segunda esposa pouca atenção deu ao evento.

Enfim chegou o grande dia da visita. O imperador veio acompanhado de uma comitiva e de parte de sua família. Foi recepcionado em território neutro, ou seja, na divisa das comunidades dirigidas por mim e por meu irmão, sábia orientação dele mesmo. Após a recepção, mandou que a sorte fosse tirada para que ficasse definida sua primeira estada, e eu fui o sorteado. No exato momento em que o sorteio me favoreceu, não pude deixar de olhar para ela e percebi uma ponta de despeito em seu olhar. Já era alguma coisa, porque a minha intenção era ferir, de verdade, aquela mulher que mais se assemelhava a uma serpente traiçoeira, que ataca apenas por prazer.

E esteve entre nós o imperador. Não faltaram de sua parte elogios pelo meu trabalho, pela equipe espiritual, por tudo, para minha grande satisfação. Passados poucos dias, ele se dirigiu à comunidade vizinha, lá permanecendo pelo mesmo tempo em que esteve comigo. Após as visitas, sem fazer comparações ou críticas, se foi. Por alguma razão especial eu admirava aquele homem. Sonhei com ele muitas vezes e era como se me orientasse, como se falasse direto ao meu coração. Eu não saberia explicar o que eu sentia por ele. Só sei dizer que a sua presença, e até mesmo a sua lembrança, eram para mim como bálsamo que fortalece e nutre de energias novas o espírito.

8
Minha sentença

Organizada a comunidade nos meus moldes, o trabalho começou a ficar monótono e senti necessidade de fazer coisas diferentes, que quebrassem o ritmo, que passou a ser sempre o mesmo. Meu espírito era por demais inquieto para submeter-se à monotonia. Comecei a pensar, e meu pensamento foi longe, muito além do que eu próprio esperava. Para passar do pensamento à ação, eu precisaria de muitos homens e de muita coragem; era preciso, antes de mais nada, amadurecer algumas decisões e fazer alguns cálculos, bem como obter informações que, no primeiro momento, eu não fazia a mínima idéia de como iria conseguir. Mas ter objetivos, para mim, já era uma grande coisa.

Imerso em meus planos, nem notei que alguém se aproximava. Quando dei por mim, me deparei com o olhar triste e cabisbaixo de minha primeira esposa.

— O que você quer? Por que chegou assim tão sorrateira pelas minhas costas?

— Estou triste. Não que eu esteja invejando nossos irmãos, mas... e nós? Será que ainda vai demorar muito para termos um filho nosso?

— Você diz não estar invejando, mas na verdade está sim. Isso é ruim, faz mal ao espírito. Deveria esperar sua vez, confiando nos deuses.

— Confio nos deuses, mas se eu tiver alguma doença?

— Como assim, doença? Você está pensando que não pode ser mãe, é isso?

— Sim, confesso que estou pensando muito nisso.
— Muito bem, não se preocupe, vou agora mesmo convocar uma reunião com a liderança espiritual e com os curadores. Logo resolveremos isso. Agora me deixe e, da próxima vez que se aproximar de mim, não o faça sorrateiramente como desta vez, não gosto disso. Não se esqueça.

Meio contrariada, ela afastou-se, deixando uma cisma forte comigo. Além dela, minha segunda esposa também não engravidava. Comecei a me preocupar e, diante desse fato novo, abandonei meus pensamentos. Voltaria mais tarde a eles. Agora, urgente era resolver esse caso, ou pelo menos começar a perceber que algo de errado estava acontecendo, sem que eu me tivesse dado conta.

O meu egocentrismo fazia isto comigo: não permitia que eu enxergasse o mundo e as pessoas à minha volta. Eu sempre estava antes e acima de tudo.

Reuni os líderes espirituais e os curandeiros. Muito do que eles sabiam deviam aos meus ensinamentos. De ervas eu entendia muito bem, mas senti que naquele caso não bastariam apenas o conhecimento e suas aplicações. Cientes do caso, os líderes resolveram marcar um ritual com a finalidade de se aprofundarem no assunto, que parecia ser muito delicado e de difícil acesso. Exatamente como eu temia. Algo dentro de mim sugeria que alguma coisa muito ruim estava por acontecer quando ouvi a queixa de minha mulher. Senti medo e raiva ao mesmo tempo, porque esse assunto tomaria muito do meu tempo e atrasaria a execução dos meus planos.

Naquela noite meu sono foi agitado. Tive vários sonhos com o imperador, e suas palavras haviam sido tão nítidas que cheguei a pensar que as tivesse ouvido na vida real. Eu sabia que deveria dar atenção aos sonhos, sempre soube disso, mas aquele em especial havia sido absurdamente nítido. Mais uma vez o alerta soou da espiritualidade para mim; mais uma vez a ajuda chegou e muito pouco aproveitei. De alguma forma, meu espírito havia progredido, mas o velho homem ainda era muito forte dentro de mim. Por algum tempo, nessa encarnação, fui poupado de cair, mas sempre chega a hora do acerto de contas com as leis que regem o Universo. Minha hora estava chegando e com ela viriam, pelas escolhas que eu faria, ou minha ascensão ou minha queda, ou meu sucesso ou meu fracasso como espírito imortal que recebe a dádiva de ter mais uma chance na roda sucessiva das encarnações. Pelo sonho que eu tinha tido com o imperador, pude saber que já o conhecia de outras vidas, e que ele me queria muito bem. Ainda assim, mais uma vez eu o decepcionaria.

O ritual foi marcado. Para minha surpresa, o ancião chefe me comunicou que ele próprio havia escolhido as pessoas que participariam da cerimônia. Perguntei por que razão ele tomara tal decisão. Ele simplesmente respondeu que assim deveria ser, e me deu as costas, ignorando totalmente a minha autoridade. Não entendi sua atitude e confesso que tremi.

No dia marcado, fui um dos primeiros a me apresentar, afinal era eu o necessitado. Quando o chefe anunciou que o ritual seria iniciado, minha surpresa foi enorme, pois estavam presentes somente três dos líderes espirituais mais velhos e três curandeiros. Quis perguntar por que um número tão reduzido de pessoas, mas não consegui porque o velho ancião começou a cerimônia e não podia ser interrompido, disso eu bem sabia. Tratei de me aquietar e apenas confiar, pois era por mim que trabalhavam. O ritual seguiu noite e madrugada adentro até que, enfim, o chefe veio a mim e falou:

— Decidimos que você deve escolher uma das belas jovens da comunidade e permanecer com ela no abrigo da montanha, por todo o seu período fértil. Somente vocês dois, no isolamento. Preste bem atenção: dê vazão aos seus instintos. Não se comporte como marido, como dono; seja macho e permita que ela seja fêmea, como fazem naturalmente os animais. É de fundamental importância que você compreenda esse aspecto. Tome a mulher como fêmea, sem compromissos, e deixe que ela o tome como macho. Depois, deixaremos o tempo passar e veremos o que acontece.

Contrariado, cansado e decepcionado, me afastei sem nada dizer. Em meu íntimo, eu sabia que a orientação era correta e que deveria segui-la até o fim, mesmo que contrariasse todos os meus planos. Senti-me tolhido, podado mesmo. Não fosse o respeito que tinha por eles e a crença firme nos espíritos, teria mandado tudo para o alto, como vocês costumam dizer e fazer na Terra.

Corri a comunidade em busca da tal mulher, encontrei-a e fomos para o dito abrigo na montanha. Ficamos por lá por alguns dias e noites. Segui à risca a orientação e devo confessar que me realizei, como homem, fui feliz, completo. Eu me dei de forma inusitada para ela, que por fim se transformou no tal amor, na tal paixão que antes eu não conhecia. Voltamos completamente apaixonados, loucos um pelo outro. Resolvi então que ela seria a minha terceira esposa, embora soubesse que no íntimo seria única e absoluta.

O tempo passou. Minha jovem terceira esposa me fazia muito feliz. Ela me dava forças novas, como se fosse adubo para a terra que fortalece, floresce e explode em exuberância e beleza. Certamente minhas duas outras esposas estavam enciumadas, pois toda a minha atenção recaía sempre sobre a terceira, e com ela a minha maneira de ser e de agir era absolutamente diferente. Malgrado todos os meus esforços, nem mesmo com essa terceira conseguia ser pai. Passado o tempo recomendado pelo líder espiritual, fui chamado para ter uma conversa reservada. O tempo do veredito havia chegado e com ele certamente a minha sentença:

— Você não pode ser pai.

Essa foi a sentença que eu tanto temia e que me recusava a crer. Vejam que ironia! Eu, homem forte, ambicioso, chefe de uma comunidade que prosperava a cada dia, cheio de sonhos e de vontades, não podia fazer o mais simples e natural da vida, que era procriar.

O velho ancião me explicou alguns aspectos referentes ao meu problema, tanto físico quanto espiritual, mas, louco de revolta, muito pouco ouvi. Apenas uma cena revi na minha mente, como se fosse um filme muito rápido, mas também a isso não dei atenção porque o que eu precisava naquela hora era extravasar a minha dor, a minha grande frustração. Uma coisa apenas pedi ao ancião: que não revelasse a ninguém, nem mesmo aos outros líderes e aos curandeiros, aquele meu problema. Ele concordou, e eu tinha certeza de que podia confiar nele, pois um líder espiritual é sempre honesto e, como todo bom sacerdote, sabe guardar segredos.

Vaguei pelas matas, pelas montanhas, rolei na grama, subi no topo de árvores, assustei os bichos, gritei de raiva, de dor, e infelizmente, como já tinha ocorrido em outros tempos, atribuí aos deuses a minha desgraça. Esbravejei com eles, dizendo que eram os culpados, ou que então haviam me abandonado. Logo eu, que tantos cultos e rituais a eles oferecia. Onde estavam agora que não me socorriam, que não me diziam como achar um remédio para a cura? Eu, logo eu que tanto sabia. Logo eu que dominava o manuseio das ervas, estava ali, impotente. Não existia remédio para mim, nem na mata nem em lugar algum. O único medicamento era a tal da resignação, e este eu me negava a sorver, mesmo porque não tinha idéia de onde buscá-lo nem como prepará-lo. É preciso ter a alma nobre para tanto, e eu não tinha.

Como sempre, precisei de horas para me recuperar do baque. Quando retornei à comunidade, já tinha gente à minha procura. Não falei com ninguém, nem mesmo com ela; todos estranharam, mas respeitaram o meu silêncio e a minha vontade de ficar sozinho. Pensei, pensei e concluí que era vergonhoso, humilhante demais para mim, um futuro imperador, permitir que todos soubessem da minha ruína. De tanto pensar, comecei a arquitetar um plano. Eu sabia que o líder ancião não compactuaria comigo e então dei início, mais uma vez, ao meu atraso espiritual. Esperei pela quietude da noite, depois pela madrugada. Colhi ervas, fiz uma magia. Fui até a tenda do líder ancião, sem medo, certo do que queria, e espalhei no ar de seu aposento um poderoso incenso; depois, sem que ele oferecesse qualquer resistência, dei-lhe de beber do "sono da morte". Assim se chamava a mistura de ervas que a ele ministrei, sem nenhuma compaixão. Na verdade, eu nada sentia: era como se meu coração tivesse se transformado numa rocha fria.

Correria e gritos foram os acordes que anunciaram naquela manhã o raiar de mais um dia. Como quem nada sabia, fui até a tenda do líder para anunciar oficialmente a sua passagem para a outra vida. Demos início aos rituais de despedida ao bom e velho colaborador; depois, montamos uma grande fogueira, na qual seu corpo foi consumido. Suas cinzas foram espalhadas pela mata e pelo rio. Assim foi-se nosso bom e velho amigo. Como e por que ele se fora prematuramente somente eu sabia, mas isso não me comovia nem um pouco. Meu plano teria de seguir adiante. O primeiro passo eu já tinha dado.

O segundo passo deveria ser muito bem planejado, e exigia de mim um minucioso exame. Falhas não seriam admitidas, pois eu não queria que ninguém viesse a saber do meu problema, nem mesmo as minhas mulheres.

Todos esses fatos marcantes me fizeram esquecer que eu tinha um irmão, quando então recebi sua visita de surpresa. Fiquei irritado com sua presença, e ele de pronto percebeu.

— O que há com você? A morte do ancião o transtornou?

— Sim. É sempre triste perder alguém. Ou você acha que não?

— Vindo de você é um tanto estranho, mas me diga, o resto vai bem?

— Sim, olhe em volta e logo perceberá que tudo está bem.

— Você se esquece que é meu gêmeo e que o conheço muito bem.

— Estou cansado. Gostaria que você parasse de me interrogar, não lhe devo satisfação alguma, nem sobre meu humor nem sobre nada.

— Sei disso. Vim apenas pedir uma orientação, mas volto outra hora. Descanse, meu irmão, e saiba que nunca me esqueço de você, que peço aos deuses sempre por você. Desejo-lhe o melhor, e à sua comunidade também. Não se perca na irritação. Acalme-se! Voltarei outro dia.

Se meu pobre irmão soubesse o que realmente estava acontecendo comigo...

Voltei a pensar sobre o que eu iria fazer, e a idéia logo veio. Como podem imaginar, seria cruel e traria muita dor e sofrimento, principalmente para o meu espírito que estava prestes a sucumbir de vez nessa oportunidade.

A frustração me cegou e, como já não fosse uma alma nobre, infelizmente não resisti diante de tão dura prova. Percorri a comunidade, observando os homens que mais se assemelhavam às minhas feições. Decidi escolher dois que parecessem viris e fortes. Fiz a minha escolha e os chamei para uma conversa reservada:

— Na qualidade de líder desta comunidade, ordeno a vocês algo muito especial que deverá, sob pena de morte, permanecer somente entre nós.

Prossegui a conversa em tom autoritário, como bem sabia fazer, e consegui o meu intento, que era intimidá-los. Incrível foi a reação deles: sentiram-se honrados em me servir e juraram lealdade até o fim. Eu tinha certeza de que podia confiar na palavra daqueles homens. A lealdade daquele povo era a toda prova. Eu tive várias oportunidades de, observar isso. Portanto, estava tranqüilo. Agora era só dar seqüência aos meus planos de conquista; afinal o poder, a honra e a glória eram meus objetivos principais, tudo o mais considerava apenas como acidentes de percurso.

Em meio ao turbilhão dos meus pensamentos, eis que novamente meu irmão veio me visitar. Dessa vez, porém, não me irritei.

— Seja bem-vindo, meu irmão.
— Vejo que recobrou o ânimo; isso é bom.
— Sim, recobrei, mas a que veio?
— Preciso de alguns conselhos sobre a lavoura e as ervas, pode me ouvir?
— Claro!

Conversávamos, quando minha esposa preferida veio ter conosco. Meu irmão se assustou, pois não sabia que eu já estava na terceira esposa e que ela havia tocado os meus brios de homem. Ao se afastar de nós, ele me perguntou surpreso:

— E então? Você anda rápido mesmo! Quem é a bela jovem?
— Essa é uma longa história, depois eu conto. Ela é daqui mesmo e devo confessar que me tocou muito, é a minha preferida.
— Que os deuses sejam louvados! Finalmente o vejo apaixonado! Isso é muito bom. Fico feliz mesmo, meu irmão.
— Não é necessário vibrar tanto porque nunca vou amar como você.
— Você tem seu jeito e eu tenho o meu, mas, da sua maneira, está amando sim. Eu sei, eu sinto, e isso é realmente muito bom.

Passada a euforia de meu irmão, continuamos a nossa conversa. Ajudei no que pude. Ao se despedir, ele olhou no fundo dos meus olhos, ao que resisti procurando em vão desviar.

— Meu irmão, por um lado estou muito feliz por você, mas, por outro, sinto algo ruim que me preocupa e não sei explicar. Confie em mim como sempre, e me diga se algo de errado está acontecendo.

— Volte para os seus e não se preocupe, tudo vai bem.
— Não esconda nada de mim. Se algo o aflige ou preocupa,

sabe que sinto. Sempre foi assim entre nós; sei que algo de errado está acontecendo.

— Já disse que está tudo bem. Cuide de sua vida que eu bem sei cuidar da minha. Se precisar dos meus conselhos volte, mas se for para me pressionar, prefiro não vê-lo.

O filho de meu irmão nasceu. Juntei alguns homens e fomos em busca de caça e de conquistas, sempre tomando cuidado para não tocar em terras nem em povos que estivessem sob o domínio do imperador. Para tanto, contava com fontes seguras; portanto, sabia muito bem quais podia ou não podia conquistar. Caçamos, desbravamos, conquistamos trabalho fácil com os escravos que fizemos. Em pouco tempo meu nome vibrava em vários recantos; eu respirava soberano e soberbo.

Quando voltamos à comunidade, fomos recebidos com festa, com a pompa de que tanto apreciava. Lá estava eu, um futuro imperador! Minhas três mulheres estavam grávidas. Eu era só alegria. Passada a euforia da volta, a realidade era dura, mas, com minha habilidade, tratei de não encará-la e segui adiante.

Minha comunidade crescia próspera, a de meu irmão enfrentava algumas dificuldades, mas, de qualquer forma, ia bem. Eu não podia fazer muito por ele. Sete dias de descanso na comunidade foram suficientes para que meu tédio voltasse. Reuni meus homens mais uma vez. Assim como eu, eles vibravam com a idéia de sair de novo, pois eram guerreiros natos, desbravadores como poucos.

Decidimos partir em três dias, devidamente equipados e bem-preparados, pois dessa vez iríamos bem mais distante e encontraríamos mais dificuldades, em razão do terreno acidentado que resolvemos desbravar. Minha apaixonada terceira esposa não gostava nem um pouco das minhas ausências, mas ela que se conformasse, pois essa era a vida que eu amava.

— Você tem de ir mesmo? Por que não manda apenas os seus homens e fica para acompanhar o crescimento de minha barriga?

— Que conversa é essa, mulher? Não vê que sair em busca de caça, de escravos e de terras faz parte de mim?

— No começo não era assim, tenho sentido muito a sua falta. Antes éramos muito mais unidos, depois que você começou com essa história de viagem, por vezes pensei estar me deitando com outro homem, por causa da brusca mudança na sua maneira de me tratar.

Esse comentário me preocupou um pouco, mas sabia que deveria aproveitar essa sua cisma em relação a mim, em meu próprio benefício, porque ela era muito esperta e desconfiada.

— Todo homem muda ao longo da vida, mulher, mas isso não quer dizer que deixei de querer bem a você, e, se mudei em algumas atitudes, não mudei meus sentimentos. Agora vá, deixe-me trabalhar! Logo vamos partir e quero que você fique em paz, pedindo aos deuses por mim todos os dias, até que eu volte mais forte, próspero e feliz.

Finalmente partimos. Não fizemos maiores barbaridades por falta de oportunidade, mas cometemos abusos que dispensam comentários. Conseguimos fartura na caça, na colheita de ervas e plantas raras e no contingente de escravos, que reunimos e levamos para que fizessem o serviço pesado da comunidade e de outras a que eu daria início.

Meses se passaram até o nosso retorno triunfal e retumbante. Minhas mulheres estavam prestes a parir; suas barrigas estavam enormes e a comunidade havia sido muito bem-conduzida até ali pelos meus homens de confiança. O brilho do poder me inebriava. Eu sabia que conseguiria ter tudo o que queria, e ali estava o resultado. Eu já era tão famoso quanto o grande imperador, só não tinha ainda mais poder que ele. Mas isso era uma questão de tempo, e o tempo corria a meu favor.

Meus filhos nasceram quase ao mesmo tempo: a diferença foi, entre um e outro, de poucos dias. Por ocasião desse fato, recebi a visita de meu irmão, de sua esposa e do filho. Em nada me abalou rever minha cunhada, porque agora eu era mais eu e ela era insignificante. Vieram também para a visita meus pais. Esta sim foi uma surpresa que me trouxe grande satisfação, nem tanto pela presença de ambos, mas para mostrar ao meu pai quem eu era agora. Senti um forte orgulho inflar o seu peito de rei. Eu, naquele momento, me tornara muito mais importante do que jamais ele conseguira ser. É certo que não tinha o título de rei, mas isso para mim era muito pouco mesmo.

Se meu irmão tinha um filho, eu, numa só tacada, tinha gerado três. O meu olhar passava pelas pessoas sempre por cima. O único que não folgava com o meu progresso era meu irmão.

Mostrava-se apático a tudo o que dizia respeito à minha franca ascensão, mas a opinião dele pouco me importava. Foram embora os meus pais e vieram o imperador, sua mulher e a comitiva. O anúncio da chegada dele já não surtia em mim o mesmo efeito de outrora. Por ser quase como ele, sua presença não fazia tremer um músculo meu que fosse. Sabia que agora o encararia de igual para igual, o que muito me fortalecia.

Depois de conhecer o neto, o imperador percorreu a minha comunidade, tecendo elogios ao meu desempenho e também ao trabalho de expansão e conquistas que eu vinha fazendo. Um detalhe, porém, não escapou do seu crivo:

— Tudo está muito bem-feito por aqui. O povo está feliz e saudável, a prosperidade é fato. Só tenho uma observação a fazer, não como sogro, mas sim como chefe de um império que construí com base no respeito ao meu semelhante. Para chegar onde cheguei, nunca precisei escravizar criatura alguma; o povo que vive sob o meu comando sempre foi livre. Não concordo, portanto, com essa postura, e devo adverti-lo de que a ira dos deuses pode recair sobre você e os seus, por conta dessa atitude. Temo por todos vocês, mas principalmente por minha filha e por meu neto.

— Senhor imperador, o fato de essas pessoas estarem comigo como escravas não significa que são maltratadas. Se eu as trouxe comigo nessas condições é porque sei muito bem o que faço. Posso lhe garantir que em seu lugar de origem a vida era muito mais dura e infeliz.

— Não queira justificar um ato desses, meu filho! Só estou comentando a respeito para o seu próprio bem e o de toda esta comunidade, que depende de você e em você confia. A escravidão não é bem-vista pelos deuses, e nós sabemos que chega a ser um ato cruel; do contrário, não nos faria sentir tão mal saber que esta ou aquela pessoa é escrava de outra. Você pode constatar essa minha afirmativa até por você mesmo, que quis justificar, imediatamente após o meu comentário, essa sua atitude antinatural.

— Não vou discutir com o senhor.

— Certo, não vamos discutir, mesmo porque essa não era a minha intenção. Gostaria apenas que pensasse sobre o que lhe falei, e soubesse que nunca fiz nem mesmo um escravo para chegar a ser imperador.

— Não se preocupe com sua filha e seu neto, senhor! Como pode ver, estão muito bem-cuidados e amparados.

Enquanto eu ouvia o imperador com sua fala serena e firme, sentia como se o tivesse escutado por inúmeras vezes. Ele me era extremamente familiar. Ainda assim, nem ele nem ninguém me desviariam dos meus propósitos. Soube, algum tempo depois, que comentara sobre mim com meu irmão, fato antes nunca ocorrido. Ele expôs ao meu irmão sua preocupação comigo e com o fato de eu estar fazendo escravos. E, preocupado por natureza como era o meu irmão, veio logo me falar:

— O imperador está muito preocupado, meu irmão, e não vou negar que eu também estou, e muito.

— Ele exagera, essa gente que está comigo é escrava só no nome; na verdade, são auxiliares na comunidade e, em breve, farão parte de outras comunidades tão boas e prósperas quanto esta. Portanto, não se deixe levar pelas bobagens do imperador, que pensa que só ele pode.

— Não sei não, meu irmão. Conheço bem você e sei do que é capaz quando o poder está envolvido. Por favor, não vá contrariar a vontade e a soberania dos deuses. Eu peço na qualidade não só de irmão, mas de amigo que muito bem lhe quer. Por favor, reflita!

— Pare de me aborrecer também! Se veio para isso, vá embora e não volte nunca mais. Sei muito bem o que faço e como faço. Tenho coragem e um nome a zelar. Não tenho culpa se vocês não me entendem, por mais que eu queira explicar.

9
Um império de lágrimas

E assim construí o meu tão sonhado império. Custou dores, lágrimas, mentiras, enganos, mas me tornei de qualquer forma mais poderoso que o próprio imperador. Superei a autoridade e os domínios dele. Meu nome era conhecido por toda a África, e até fora dela. Antes de partir, meu pai pôde se orgulhar de mim, e meus irmãos, exceto o gêmeo, muito se beneficiaram do meu nome e poder.

Afastei-me de meu irmão gêmeo durante muito tempo, em decorrência de minhas diversas atividades, mas nunca o esqueci. Suas palavras sempre me acompanharam e sua figura vinha nítida em minha mente, sempre que eu pensava nele. Senti saudades por muitas vezes, e só não agi contra sua mulher porque sabia que ele sofreria demais, podendo até mesmo não suportar se algo de ruim a ela acontecesse. Apenas esse fato me segurou.

Tive nove mulheres. Ele, o meu gêmeo, só aquela e muitos filhos legítimos, ao contrário de mim. Mas nunca ninguém soube, mesmo porque, quando a minha nona esposa engravidou, entreguei ao sacrifício os meus reprodutores de aluguel. Elas nunca souberam que seus filhos não eram meus herdeiros, pois quem domina o conhecimento das ervas e da baixa magia, e tem poder sobre os homens, é capaz de manipular muitas vidas. Mas obviamente, na continuidade da nossa história, a Lei prevalece e nada fica impune, mesmo que assim pareça.

Fui agraciado nessa encarnação com as facilidades, ou melhor, com meios mais confortáveis de domar as minhas más inclinações, e ainda assim dei vazão aos meus instintos. Tudo foi colocado ao meu alcance e eu não aproveitei. Os meios lícitos de vitória estavam disponíveis, mas a tal ganância me dominou. Tornei a cair em velhos erros. Só não saí pior por ter alcançado merecimento quando da minha estada no plano espiritual, em que trabalhei muito pelo bem. Esse mérito que alcancei me impediu de fazer muito mal, principalmente àquele que fora meu irmão e àquela que fora a minha preferida em outro tempo. Isso sem esquecer meu bom e velho companheiro de muitas jornadas.

Mas quem com ferro fere, com ferro será ferido. Essa máxima se aplicou também a mim, mas não me dobrei a ela, acabando por contrair débitos extras na minha jornada evolutiva. Embora eu tenha feito muitos sofrerem e chorarem, por outro lado fiz muitos benefícios. Amei os filhos da minhas mulheres, como se fossem realmente meus, e construí um império tão forte que por muitas gerações ampararia a muita gente. Ensinei um pouco de tudo o que sabia a muitos, incentivando sempre para que fossem criativos, porque um conhecimento gera outro e é assim que o progresso caminha.

Dei muita importância à religiosidade, muito embora tenha me revoltado por algumas vezes. Ensinei que se deve amar e respeitar a mata, que, generosa, nos fornece o alimento e a cura. Passei adiante grande parte do meu conhecimento sobre as ervas e suas aplicações. Como se pode constatar, fui dois extremos em minha personalidade nessa ocasião, não conseguindo alcançar o equilíbrio. Se tanto bem fiz, o mal, porém, foi muito mais forte, deixando marcas profundas em minha alma e na daqueles a quem feri e prejudiquei.

Alguns podem dizer: "Mas será que essas pessoas que foram feridas e prejudicadas não o mereciam, e você serviu apenas de instrumento para a aplicação da Lei?".

Respondo que não, pois todo aquele que deve perante a Lei Divina pagará suas dívidas de alguma forma. Ai de quem se julgou instrumento da aplicação dessa Lei!

Ter nascido gêmeo daquela alma tão boa e pura foi a primeira grande bênção que recebi. Não fosse por toda a ajuda, amparo, consolo e conforto que ele me deu, eu teria caído mais cedo, aumentando muito o meu débito cármico. Conhecer o imperador, embora não tenha me guiado pelos seus exemplos, foi outra importante e marcante presença em minha vida, pois admirá-lo de alguma forma freou meus mais torpes instintos, em muitos sentidos. Ter odiado minha cunhada e não ter atentado contra a vida dela foi outro grande aprendizado que meu espírito conheceu e assimilou. Por amor ao meu irmão, deixei que ela passasse impunemente.

Assim somos nós, meus amigos, nem totalmente bons nem totalmente maus, pelo simples fato de que todos temos, dentro de nós, uma pequena centelha que, para brilhar, precisa ser alimentada com a chama do amor, todos os dias, em todas as encarnações que nos sejam concedidas pela graça e misericórdia de Deus.

Despedi-me dessa encarnação aos 77 anos, ainda forte e vigoroso, vítima de um mal súbito e inexplicado. Soube mais tarde, já do outro lado da vida, que meu filho mais velho tinha pressa em assumir o meu lugar e, conhecedor das ervas, tendo como professor eu mesmo, delas se valeu para que o "sono da morte" a mim chegasse, tal como um dia eu havia feito.

10
De volta ao mundo dos espíritos

Na Terra, o corpo se decompõe, como tudo na natureza, mas a alma não perece e só se transforma aos poucos. Despertei no plano espiritual cercado por muita gente. No início, não me dei conta do que havia acontecido, porque eu me sentia vivo como sempre. Todos falavam ao mesmo tempo. O lugar era caótico, até que ele apareceu. Tive um pouco de dificuldade para reconhecê-lo de pronto, mas, olhando bem, enfim reconheci aquela figura imponente por natureza. Ele irradiava luz por todos os lados: era uma luminosidade branca e suave que ia se transformando em um azul muito claro, à medida que se expandia. Fiquei surpreso e ao mesmo tempo assustado, pois não entendia nada do que se passava, muito menos por que o imperador irradiava tanta luz, e o que nós fazíamos ali, no meio de toda aquela gente estranha.

Ao falar, todos silenciaram porque sua voz transmitia autoridade, e ao mesmo tempo serenidade e nobreza. Ele pediu calma aos presentes e esclareceu que seríamos atendidos em breve, em grupos de sete; pediu ainda que orássemos, mantendo-nos em silêncio até que o atendimento fosse feito. A maioria das pessoas obedeceu. Eu e mais alguns não nos conformamos tão facilmente, e tentamos nos aproximar dele. Era simplesmente impossível chegar perto; era como se, ao seu redor, houvesse um campo de força intransponível. E realmente era isso, soube mais adiante.

Eu não conseguia desviar a atenção dele e, mesmo sem me olhar, ele respondeu a uma pergunta que eu fazia a mim mesmo, mentalmente. Foi então que me assustei de vez e comecei a tremer sem parar, até desfalecer. Acordei na beira de um lago muito tranqüilo, rodeado por belas árvores de tipos desconhecidos. Os pássaros também eram diferentes: de vários tamanhos, tinham um colorido vibrante e belos, mas estranhos. Vislumbrando o local, nem havia me dado conta que, ao meu lado, sentado e sereno, estava ele, o próprio imperador. Ao perceber o meu susto, imediatamente pediu que eu me tranqüilizasse, porque iríamos conversar:

— Como, conversar? — respondi apavorado.

— Conversar sim, precisamos dessa conversa. Além do mais, pedi para recebê-lo quando chegasse e me responsabilizei pessoalmente por você. Isso quer dizer que está temporariamente sob a minha custódia, a menos que queira que eu me vá e venha outro em meu lugar. A escolha é livre.

— Na verdade, não estou entendendo por que esse sonho está tão longo; quero acordar e não consigo. O senhor morreu há muito tempo e agora estou sonhando com o senhor, sem conseguir acordar. Afinal, vim visitá-lo no mundo dos mortos? Devo levar comigo alguma orientação sua?

— Não, meu filho, você não veio em visita, você passou para o lado de cá, e o que estou tentando fazer é ajudá-lo a compreender isso.

Desfaleci mais uma vez. Acordei no colo dele; sim, acordei no colo do grande homem, e ele estava passando água fresca em minha testa. Chorei feito menino, um choro forte e sentido, reforçado pela nova imagem que eu via do imperador, meu bom e velho amigo de jornadas, meu protetor ancião. Era ele, era ele sim. Abracei aquele velho amigo com força e chorei ainda mais. Com a calma que lhe era peculiar, ele me disse:

— Que bom, meu filho, que bom vê-lo chorar. Isso indica que algo se modificou dentro de você. Saiba, filho amado, que o arrependimento pelas faltas que cometemos nos remete ao recomeço, o que sempre nos faz melhores e evita que mais sofrimentos nos alcancem.

— Ah, se eu soubesse, velho amigo, se eu soubesse que era você!...

— Como haveria de saber? Venha comigo! Agora é hora de rever, compreender e decidir. Confie neste velho!

Não era necessário que ele me pedisse confiança, pois ao seu lado segui sossegado o meu segundo passo no plano espiritual. Conforme já mencionei, o acesso ao início de minhas, jornadas como espírito não era possível, mas às minhas três ultimas encarnações estava liberado e era necessário para que, dali em diante, eu pudesse prosseguir. Rever tudo com detalhes foi uma experiência dolorosa e até então por mim desconhecida, pois, dessa vez, a forma como revi todas as minhas passagens foi diferente. Foi como voltar no tempo e ver a si próprio em várias situações e lugares. É duro assistir às nossas piores atuações, querer interagir para impedir várias barbaridades e não poder. Desolado e desanimado, pedi ao meu bom amigo para não voltar tão cedo.

— Sim, meu filho, seria mesmo inconveniente voltar prematuramente à carne, mesmo porque, do lado de cá, você pode reparar muitos dos seus erros.

— Diga-me como, não consigo pensar. Acabei de ver que antes de voltar à minha última encarnação, fiz tantos planos bons, trabalhei, me dediquei do lado de cá e, ainda assim, tornei a cair. Isso é muito difícil. Afinal, quando vou conseguir ter paz?

— Veja se o que vou dizer lhe soa familiar: paz é uma conquista do espírito...

Mal meu velho amigo começou a pronunciar tais palavras, pelo meu rosto começaram escorrer lágrimas sem parar. Ele, meu irmão querido, outrora fora ela, a minha amada e preferida. Por amor a mim, essa alma boa e pura voltou comigo, fez o que pôde para me ajudar e eu nada dei em troca. Preferi o orgulho, a vaidade e a ganância, frustrando assim todo o seu trabalho e afeto por mim. Senti-me um verme naquela hora. Ah, se soubéssemos quem na realidade somos e o que precisamos fazer para conquistar a paz e a evolução dos nossos espíritos! Mas o Pai não erra em nada e quer que conquistemos a luz por nossa vontade e esforço próprios; do contrário, o bem não cria raízes em nossas almas. Ele nos criou simples e ignorantes, mas nos dotou de inteligência para que pudéssemos retornar a Ele por nossas próprias pernas, vontade e luta. Certamente a luta é árdua para todos nós, mas se apresenta mais dura a cada vez que remamos contra a Sua vontade.

— E agora, bom amigo, me diga, o que eu faço? Por onde começo?

— Comecemos pelos pedidos sinceros de perdão; mesmo que alguns não o perdoem, o seu coração imortal precisa pedir perdão. Isso só funciona se for sincero e puro.

Ao ouvir tais palavras, tive uma reação automática jamais imaginada por mim: diante de meu velho amigo, caí de joelhos, olhei para o céu infinito que revestia de luz intensa aquele lugar divino e pedi perdão a todos os deuses que eu havia desafiado e desobedecido. Nesse instante único, em que as palavras faltam para explicar o tamanho do alívio e da força nova que se sente, percebi que brilhava em meu peito, do lado esquerdo, uma luz pequenina, que me aquecia, aliviava e fortalecia. Então, o pranto cedeu lugar ao riso de alegria, de paz, enfim.

Esse foi apenas o primeiro dos muitos passos que eu deveria dar rumo à redenção da minha alma. Os meus débitos eram tantos que cheguei a pensar que nunca os poderia quitar, mas me enganei. Sempre existe uma chance para quem quer, verdadeiramente, prosseguir melhorando. Ainda que os caminhos sejam ásperos e estreitos, a esperança brilha e o bem a todos espera, paciente e imutável. Pensei em como, de que maneira, seria possível pedir perdão a tanta gente que eu havia feito sofrer, e, para minha surpresa, soube que não era tão difícil assim, pelo menos lá, do outro lado da vida, não era.

— Amigo, como é que eu posso pedir perdão a tanta gente? São três passagens pela Terra e muito prejuízo.

— Venha comigo, filho, vou lhe ensinar como fazer, se estiver preparado, é claro!

— Meu velho, depois de tudo isso, preparo é o que não me falta. Vamos em frente!

Caminhávamos quando, de repente, em minha mente surgiu uma dúvida:

— Amigo, por favor, me esclareça uma coisa.

— Se estiver ao meu alcance, esclarecerei com prazer.

Fiz muito mal a muita gente, você bem sabe, mas por que razão, desta vez, não caí naqueles abismos horrendos?

— Calma, não se precipite, logo encontrará essa resposta também.

Enquanto caminhávamos, eu agradecia a todos os deuses por não ter voltado para o Vale das Sombras. Faria o que fosse preciso para nunca mais retornar àquelas paragens horríveis. E, como se pudesse ouvir meus pensamentos, falou-me o amigo:

— Se você continuar a pensar naquele lugar, acabará por ser atraído para lá. Se fraquejar no pensamento, seus inimigos o encontrarão com facilidade. Dê graças, admire a paisagem à sua volta, pense nas ervas, nos rios, neste ar fresco que respira.

Segui as recomendações sem pestanejar e um enorme bem-estar me invadiu. Senti a beleza, a pureza e a alegria de lá estar, caminhando lado a lado com aquele amigo fiel e inseparável. Por alguns instantes, esqueci mesmo de quem eu era e do que fazia ali. Foi maravilhoso, divino. É difícil descrever em palavras, pois elas nunca alcançam o sentimento real do momento.

Depois de uma longa caminhada, chegamos diante de uma construção muito estranha. Por mais que tentasse, não conseguia identificar o que seria aquilo: algo grande, alto, branco, parecendo feito de pedra, não sei... Senti medo.

— Não tema, filho, logo vai compreender como e do que é feita esta construção. Desculpe, acho que desta vez quem se precipitou fui eu; deveria levá-lo a um lugar mais simples, e no entanto, trouxe-o direto para cá. Pensando bem, se assim fiz é porque confio em sua inteligência, em sua capacidade de compreender e aprender. Venha comigo sem temor!

Confiante, segui os passos de meu amigo, o que não quer dizer que estivesse à vontade: atento e alerta sempre, continuei a seguir-lo observando o que acontecia à nossa volta. Tudo era muito estranho. A confusão começou a tomar conta da minha mente e, diante do desconhecido, o medo me desequilibrou. Então, caí aos prantos no chão, rogando ajuda a todos os deuses. Acho que dormi ou sonhei, não sei, mas acordei naquele mesmo lago, lindo, tranqüilo, rodeado por belas arvores e pássaros. Meu bom amigo estava lá.

— Desculpe, filho, pensei que estivesse preparado. Descanse e agora durma. Depois volto e conversaremos. Feche os olhos, sinta o contato da terra fresca com o seu corpo, ouça o canto destes pássaros e o ruído suave das águas e do vento, depois venho vê-lo. Descanse, fique em paz...

Dormi, sem saber por quanto tempo, e quando despertei a sensação que senti era tão boa e profunda que palavras não são suficientes para descrevê-la. Enquanto me espreguiçava, tranqüilo e sereno, ao meu lado estava o meu bom e velho compa-

nheiro a sorrir e a me oferecer um gole de água fresca, que sorvi com prazer, sentindo-me bem melhor.
— E então, como se sente?
— Bem, me sinto muito bem.
— Que bom!
Após esse curto diálogo, permanecemos ali sentados, lado a lado, quietos, por um bom tempo. O silêncio falava, fazia sentir. Ao mesmo tempo em que aquecia, a ponto de transpirar, eu esfriava até gelar. Eram sensações que se modificavam a cada pensamento, a cada sentimento que as lembranças traziam. Eram como ondas, ora calmas e serenas, balançando suavemente, ora devastadoras, pelo seu poder de intensa destruição.
— Venha, filho, está na hora!
— Hora de quê?
Sem responder à minha pergunta, ele caminhou e eu o segui em silêncio. Paramos diante de um poço cavado na terra. Por fora tinha pedras brancas, pintadas com esmero; pendurado a uma armação estranha, havia um recipiente grande e largo de onde, como pude observar, algumas pessoas retiravam água para se banharem. Faziam a água cair em seus corpos, desde o topo da cabeça até os pés, e saíam felizes, tranqüilas, como se aquele líquido fosse um bálsamo.
— É sua vez, filho, pegue a água e faça como fizeram essas pessoas. Banhe-se nela!
Sem questioná-lo, fiz o que me foi orientado: peguei a água e derramei-a sobre o meu corpo. Ao final da última gota, senti como se caíssem de mim pedaços de uma casca grossa e escura que, ao chegarem ao solo, se desintegravam, desaparecendo por completo. Foi então que entendi a alegria das pessoas que se banhavam ali, pois o alívio e a leveza que senti após o banho foram indescritíveis. Magia, mistério, tudo quanto eu sabia, naquele momento, foi como se eu reaprendesse, reencontrasse, descobrisse na prática os efeitos do saber ensinados pela teoria, sem jamais terem sido usufruídos.
Em total silêncio, tal como o ambiente e seus efeitos requeriam, continuei a seguir os passos do meu bom amigo, que agora caminhava apressado, quase correndo, até que ele se virou, me olhou e disse:
— Espere aqui, volto logo! Não saia daqui.

Obedeci.

Depois de algum tempo, longo até, ele voltou. Sua expressão estava diferente, parecia preocupado.

— O que foi, meu velho? Você não parece bem.

— A exemplo do que aconteceu com você, quando chegou aqui, fui receber outros irmãos que chegaram da Terra.

— Faz parte de seu trabalho receber as pessoas?

— Sim.

— Se faz parte, deveria estar habituado, ou sempre muda de expressão toda vez que tem de executar essa tarefa?

— Você está fazendo perguntas demais, na hora oportuna compreenderá a minha mudança de expressão. Por ora diga-me, como se sente?

— Sinto-me bem, de verdade. Aquele banho foi muito bom. Sinto que minhas forças estão renovadas, estou animado, mais lúcido, não sei explicar. Por favor, me conte que água é aquela?

— Antes de responder, você precisa compreender definitivamente que estamos num plano totalmente diferente da Terra, embora muito a ela se assemelhe, certo? Muito bem, temos muitos desses poços por aqui, justamente para atender a tanta gente que necessita de limpeza para se acostumar melhor a este lado da vida. É uma limpeza energética que essa água efetua sobre os corpos que já não são mais de carne, e sim do fluido que nunca morre e sobrevive à matéria.

— Entendi. Tenho mesmo que me acostumar à minha nova condição.

— É preciso, porque a vida continua e temos de fazer com que a sua continue aqui e lá, quando for a hora de voltar.

— Quer dizer que posso voltar?

— Sim, mas depende de como você pensa que vai voltar.

— É, acho que estou muito confuso mesmo.

— Isso é normal.

Embora estivéssemos mantendo um diálogo sereno, havia algo no olhar e na voz do meu velho amigo que eu não conseguia decifrar. Percebi que ele não queria falar sobre o assunto; portanto, só me restava esperar. Enquanto isso, eu não conseguia pensar em outra coisa que não fosse a maneira pela qual eu haveria de pedir perdão a tanta gente que tinha sido prejudicada por mim, e, por mais que me esforçasse, eu não tinha a

A História de Pai Inácio   103

mínima idéia de como isso era possível. Essa interrogação me acompanhava e estava se tornando um conflito íntimo: mesmo que quisesse parar de pensar sobre isso, eu não conseguia.

— Filho, pare de querer descobrir por si só a questão que o está atormentando. Procure confiar nos deuses e em mim. Aquiete o seu pensamento; senão tudo se tornará mais difícil. Vou lhe arranjar trabalho, assim poderá ocupar melhor os seus pensamentos.

— Trabalho? Aqui se trabalha?
— Claro que sim! E muito.
— Ótimo. Quando começo?
— Agora mesmo, venha! Mas não se esqueça de que o trabalho aqui também pode ser diferente.
— Sim, meu velho, não vou me esquecer, só preciso mesmo é fazer alguma coisa, já que estou e não estou morto.

Em poucos segundos estávamos diante de uma exuberante mata, cheia de nascentes de água tão cristalina que brilhava e explodia nas mais diversas cores ao contato com a luz solar, que ali era de intensidade e brilho diferentes. O lugar era simplesmente maravilhoso. Transmitia uma paz que não se traduz com palavras. Fiquei pensando que trabalho teria eu de executar ali, diante de toda a imensidão daquela beleza que tirava o fôlego e a concentração de qualquer um.

— Bem, aqui estamos, filho. Seu primeiro trabalho será o de embrenhar-se nesta mata e, pedindo autorização aos seres que dela cuidam, colher o máximo de ervas curativas que puder encontrar. Não se preocupe com o tempo que isso vai levar, porque o tempo aqui corre, também ele, de outra forma.

Eu sabia que podia fazer isso. Imediatamente, à minha memória retornaram os conhecimentos. Fiquei feliz e muito satisfeito com o abençoado trabalho.

— E quando eu terminar, o que faço?
— Volte exatamente para este ponto onde estamos, pense forte em mim e verá que logo chegarei.
— Ah!, meu velho, tudo aqui é muito estranho mesmo, mas, acredito em você. Vou fazer o que me pede e seja lá o que os deuses quiserem e permitirem. Lá vou eu!

E assim dei meus primeiros passos rumo ao desconhecido ambiente que me esperava; desconhecido porque lá tudo era diferente, embora de alguma forma parecesse com a Terra.

Caminhei por um tempo, absolutamente deslumbrado com a beleza e a fartura do lugar: comi frutas saborosas (de alguma forma, eu sabia que eram comestíveis) e me fartei de aromas e sabores antes nunca degustados. Todos os meus sentidos estavam em festa. Os animais que encontrei pelo caminho, ou não se davam conta da minha presença ou não tinham medo algum. Não sei! Só sei que estavam serenos e serenos continuavam, quando eu passava por eles. E olha que passei por verdadeiras feras! "Fosse a mesma situação na Terra e eu estaria bem morto," pensei, e ri de mim mesmo, porque morto eu já estava. "Estes animais só podem ser defuntos também", concluí. Era bom rir de mim mesmo. Acho que tinha me esquecido do meu lado cômico, de quanto é bom sorrir, ainda que seja de si próprio. Pensando assim, dei boas risadas. Eu me senti feliz ali naquela mata, junto aos animais e à natureza intocada. Que ironia! Eu, que em vida tanto busquei a paz e a felicidade, as encontrava ali, de maneira tão simples, natural e sincera.

Segui caminhando, cantando canções que me vinham à lembrança sem esforço, observando tudo à minha volta, procurando pelas benditas ervas que curam corpos e almas. Talvez por isso meu amigo me tenha dado tal tarefa: sabia ele que disso eu entendia. "Realmente, ele é um velho muito sábio", pensei. Eu estava tão feliz que, por vezes, dançava abraçado a uma árvore, um cipó ou qualquer coisa que aparecesse e que pudesse ser abraçada. Sem que me desse conta, abracei uma luz que mais parecia um cipó cintilante tão belo que me deu vontade de dançar com ele. Só que me enganei, pois não era um cipó; era alguém que, tocado por mim, surgiu diante dos meus olhos de espírito:

— Olá, chamam-me Deva, mas meu nome é Soficil. Em que posso ajudá-lo?

Jamais, em minhas pobres vidas, eu tinha visto uma mulher tão bela quanto aquela. Era belíssima mesmo, um tanto transparente, como se fosse feita de fumaça, luz e estrelas. Use a imaginação, caro leitor, para imaginar a bela Soficil: cabelos negros e longos, pele muito clara e delicada, boca rosada, como uma bela rosa cor-de-rosa, dentes alvos, sobrancelhas negras e bem delineadas, braços e pernas longos, e mãos de fada. Vestia-se com uma espécie de tecido muito leve e multicor que permitia ver seu belo colo, largo e muito bem desenhado. Ao redor de Soficil voavam borboletas de um lado para o outro, de uma beleza tão rara quanto a dela, fazendo com que a visão se tornasse ainda mais surpreendente. Fiquei paralisado.

— Surpreso, Ifin?
— Como você sabe o meu nome?
— Sei de muitas coisas e estou aqui para ajudá-lo, se você quiser, é claro!
— Sim, eu quero.
— Ótimo. Venha, caminhe comigo!

Segui aquela fada de beleza ímpar, absolutamente encantado. Mais tarde descobri que ela pertencia ao reino dos seres encantados, mas essa é uma outra história.

— Sei o que veio fazer aqui, Ifin; portanto, comece o seu trabalho.

— Diante de tão firme ordem, busquei com o olhar as ervas que brotavam daquela mata exuberante. Identifiquei algumas que me serviam, mas, intuitivamente, eu sabia que a lua não estava em posição favorável para a colheita. Assim sendo, consultei Soficil.

— Muito bem! Eu sabia que você ia se lembrar. Enquanto esperamos pela boa lua, venha comigo, tenho histórias para lhe contar.

Com prazer segui a fada, aquele anjo de beleza e de paz que mais parecia flutuar. Caminhamos por um tempo indeterminado, e de repente saímos da mata e nos deparamos com uma belíssima praia. O mar, ao longe da faixa de areia branca e cintilante, ecoava uma suave cantiga; o Sol impunha seus raios de forma suave e agradavelmente quente, enquanto a brisa soprava fresca. Milhares de conchas de todas as cores e tipos compunham a paisagem daquele solo divino. Num impulso, busquei tocá-las, maravilhado. Ao voltar novamente o meu olhar para a bela Soficil, eis que ela estava totalmente modificada: seu rosto era exatamente o mesmo, mas o corpo e as vestes estavam diferentes.

— Outra vez surpreso, Ifin?
— Sim, bastante.
— Você tem muito a aprender, Ifin. Para começar, recolha em suas mãos somente a quantidade de conchas que nelas couber.

Obedeci com alegria. De mãos cheias, perguntei a Soficil:

— Vou carregá-las de volta assim?
— Pegou o quanto pôde?
— Sim, na verdade eu queria muito mais, se pudesse pegaria todas!
Sorrindo, ela disse:
— Estamos diante de sua primeira lição.
— Que lição? Vim para cá para trabalhar e não para tomar lições.
— Isso é o que você pensa, Ifin. O homem sábio aprende sempre, e nunca sabe o suficiente.
Diante de tamanha superioridade e sabedoria, tive de me calar e refletir.
— Se eu carregar todas estas conchas, provavelmente elas escaparão das minhas mãos durante o percurso; talvez o cansaço e a desatenção façam com que eu perca todas.
— Muito bem, conclua seu raciocínio...
Tentei concluir, sem sucesso.
— Ifin, a ganância, sua primeira lição, está expressa nessa simbologia. Quem tudo quer, nada tem. A bagagem do espírito é composta por vários itens, um de cada vez, para que se possa compor um belo mosaico, e esse mosaico não se comporá somente de belas conchas do mar; nele, com equilíbrio, diversas belezas deverão surgir até que se torne uma mandala composta de valores reais, os espirituais.
— Não entendo.
— Vamos voltar no tempo, você vai entender.
Soficil pronunciou essa frase com segurança e tranqüilidade, mas eu nem imaginei o que iria se passar. Fui como que sugado por um túnel que parecia não ter fim. Ao sair dele, encontrava-me de volta a uma das minhas encarnações, em que ganancioso e sedento de poder, a nada nem a ninguém respeitava, na ânsia de colher o máximo para mim. Revista a cena, retornei pelo mesmo túnel. Já de volta, diante de Soficil larguei todas as conchas que havia recolhido e, chorando muito, reservei para mim apenas uma.
— Entendi, fada amiga, entendi.
— Sei que sim. Vamos continuar, há muito ainda a ver e fazer.
— Mas Soficil, e o trabalho que devo apresentar ao meu

amigo? Preciso cumprir o que combinei com ele; tenho de recolher ervas curativas.

— Não se preocupe. Tudo vai dar certo.

Era impossível não confiar naquele ser mágico. Sua presença emitia luz, paz, confiança. Prossegui com ela feito um menino que segue a mãe, com alegria e certeza.

Voltamos para a mata, caminhamos em silêncio, e a reflexão era inevitável. A ganância havia me corrompido em muitas vidas. Ali, naquele lugar, parecia ser fácil abandonar esse sentimento, mas todas as vezes em que me propus a isso caí em suas malhas, totalmente esquecido do propósito espiritual. A carne densa faz com que esqueçamos o compromisso ou façamos de conta que o esquecemos. A matéria é pura ilusão. Refletia sobre isso pelo caminho, quando a bela fada falou:

— Isso mesmo, Ifin, a matéria é uma ilusão, necessária, sem ela não se evolui.

— Você também lê pensamentos, minha fada?

— Às vezes, quando existe necessidade.

Percebi então que Soficil estava novamente vestida como eu a havia encontrado, e, curioso como sempre, resolvi perguntar, mesmo porque era impossível me conter diante de tamanha modificação:

— Fada amiga, por que, lá na praia, a sua roupa estava diferente? Até mesmo seu corpo estava diferente?

Sorrindo, ela respondeu sem tentar explicar, porque sabia que, naquele momento, eu não estava apto a compreender. Pelo caminho consegui muito mais ervas do que pretendia. A lua estava favorável e a generosidade da mata era imensa. Emocionado e feliz, reservei-as com carinho e amor. Fiz meu trabalho com alegria, pedindo aos seres da mata permissão, ao mesmo tempo em que agradecia tamanha benfeitoria e generosidade. Soficil me observava com ares de aprovação.

— Certo, Ifin, vamos guardar essas ervas em lugar seguro, onde elas possam ser ainda mais energizadas para cumprirem a sua missão.

Calado e confiante, obedeci. Guardamos as ervas e seguimos adiante. O canto dos pássaros, naquela mata, era emocionante, energizante, nos remetia à tranquilidade, era lindo de ouvir, de sentir. Quando menos eu esperava, lá estávamos, no topo de uma montanha. O vento assoviava, e, de tão alta a montanha, a impressão que eu tinha era de poder tocar com meus dedos as nuvens que passavam, brancas, leves e muito, muito belas. Eram como flocos de algodão branco a desfilar sobre nossas cabeças. Fiquei mais uma vez absolutamente encantado, extasiado. Esse momento foi muito lindo. Espero nunca esquecê-lo! Quando dei por mim e olhei para todos os lados, não vi Soficil. Gritei seu nome, meu grito ecoou, e achei interessante, embora assustador, o eco da minha voz. Tornei a gritar e mais forte se tornou o eco. Eu já não sabia se continuava a gritar ou não. Decidi procurar por ela, mas Soficil simplesmente desapareceu. O que fazer? Sem opção, pus-me a chorar e a implorar aos deuses por ajuda, pois não sabia onde estava e muito menos como sair dali. Dentro de mim eu dizia aos deuses que não era justo que ela me tivesse levado até lá para depois desaparecer. Mas, após algum tempo, em que já não clamava mais por justiça e sim por auxílio, tentando compreender a atitude da fada, sem cobranças nem julgamentos, eis que ela surgiu do nada, dizendo:

— Estive o tempo todo bem aqui, meu querido, acompanhando a sua lição número dois.

— Soficil, pelos deuses, não faça assim comigo! Estive a ponto de enlouquecer de medo.

— Medo? Achei que você desconhecesse esse sentimento.

— Se desconhecia, acabei de ser apresentado a ele e digo que não gostei.

— Então, conte-me com detalhes o que sentiu.

— Ora, fada, você sabe tudo! Foi uma sensação muito ruim: de desespero, de inferioridade, de impotência.

— Seus pensamentos e sentimentos clamaram por justiça, não é mesmo?

— Sim. Achei injusto de sua parte me trazer até aqui e depois me deixar sozinho, sem saber como sair, entregue à própria sorte.

— Muito bem, Ifin, hora de entrar novamente no túnel para absorver a lição.

Fui injusto muitas vezes em minhas vidas. Assim como eu me sentira abandonado no topo daquela montanha, havia feito o mesmo inúmeras vezes, sem me preocupar se as pessoas sentiam medo ou não. Fiz muita gente escrava, arrancando-as de suas vidas tranquilas e entregando-as a um destino injusto e cheio de medo; abusei da dignidade das pessoas. Entendi a lição que doeu fundo em minha alma. Chorei, pedi clemência, e por fim clamei para que eu a assimilasse em meu espírito.

— Como se sente, Ifin?

— Bem e mal. Quanta dor, Soficil, quanta dor!

Dormi após esse acontecimento, e despertei ao som de um canto suave, calmante e profundamente belo. A voz era feminina e entoava notas de uma beleza que não se pode traduzir em simples palavras. Quem o ouvia tinha imediatamente uma enorme sensação de paz.

Procurei ao meu redor de onde vinha aquela encantadora voz. A dona daquele divino canto era Soficil, fada de beleza e voz inigualáveis.

— Olá, Ifin. Dormiu bem?

— Sim, me sinto bem. Mas que voz você tem!

— Deixe os elogios para lá, é hora de recomeçarmos a nossa caminhada.

— Para onde vamos desta vez? Posso saber? Caminhar com você às vezes é meio difícil.

— Acaso não está sendo bom?

— Penso que sim, porque você me coloca diante das minhas mais duras provas. Acho que o que está fazendo por mim é muito bom, embora eu não compreenda muito bem o objetivo de tudo o que está se passando aqui.

— Por ora basta, e já é um grande passo você pensar assim. Está indo bem, eu garanto que tudo é para o seu bem.

— Não consigo cogitar a idéia de desconfiar de você, doce e bela criatura!

— Venha, Ifin, vamos prosseguir.

Caminhamos pela mata por mais tempo dessa vez. A beleza da fauna e da flora daquele lugar era emocionante. Soficil parecia flutuar entre as árvores frondosas, entre as borboletas. Por vezes, acompanhava, com seus belos e longos braços, o ritmo de suas asas, e suas vestimentas mudavam de cor como uma linda camuflagem. Em meu íntimo, pedia para jamais esquecer Soficil.

Encantado com o caminho e suas belas paisagens, admirando Soficil, eis que de repente estávamos diante de uma imensa cachoeira. Fiquei mais uma vez admirado com tamanha força e...

— E então, Ifin, o que me diz?

— Desculpe, não consigo dizer nada, mesmo porque não há

nada o que se possa dizer diante de tanta beleza.
— Imaginei que essa seria a sua reação diante da cachoeira-mãe.
— Cachoeira-mãe? Como assim?
— Não posso explicar tudo porque você ainda não é capaz de entender, mas uma coisa posso adiantar: esta cachoeira alimenta e dá origem a muitas outras que existem por aqui; por essa razão é chamada de mãe.
— Às vezes penso que você me toma por um ignorante ou por uma criança em tenra idade, Soficil.
— Esteja certo de que não o tomo, pois na realidade você é tudo isso, meu querido. E cuidado, não se ofenda! Pense que, se tenho essa certeza, é porque ela está em conformidade com a realidade. Pense com carinho e humildade!

Ela tinha razão. Fiz o que me alertou: comecei a pensar de acordo com a realidade, que, mesmo dura, era minha condição de espírito em aprendizado. E assim, presenciei uma das cenas mais belas que jamais tinha visto, durante toda a minha história. Soficil, em sua beleza infinita, ficou ainda mais linda ao contato com as águas da cachoeira-mãe. À medida que avançava ao encontro da queda d'água, aumentava de tamanho, parecendo gigante e extremamente brilhante. A luz que agora a envolvia era ofuscante. Ela então simplesmente integrou-se às águas, fazendo parte da cachoeira. Em uma palavra: impressionante!

Boquiaberto e recolhido à minha insignificância, fiz apenas o que me era permitido, ou seja: observar e, calado, aguardar. Na minha quietude d'alma, ao reabrir os olhos, pude constatar que a bela estava no topo da cachoeira, onde a queda começava. Cantando uma linda canção, ela me olhava, e, admirado e quieto, permaneci. Naquele instante mágico, elevei aos céus uma sincera e comovida oração, nascida do mais profundo sentimento de mim mesmo:

> Em algum lugar, além do céu, além do mar, além de todas as forças da natureza, uma força muito maior, muito mais poderosa, há de existir.
> Quem é, força? Como devo chamá-la? Como a você me dirigir? Não sei a resposta para essas dúvidas; portanto, dirijo-me a você como Soberana Força, porque está além dos deuses que conheço. Se os amo e obedeço, hoje a conheço e a amo mais!

Finda essa minha oração, nascida de minhas entranhas, abri os olhos e, diante de mim, leve, suave e amável, estava, como sempre nos últimos tempos, a bela Soficil.

— Ifin, levante-se!

— O que houve, Soficil? De onde foi que tirei a idéia de orar assim com todas as minhas forças, exaltando que, além dos deuses que conheço, existe um mais poderoso que todos os outros juntos?

— Você não se engana, Ifin. Ele existe sim e é Pai de todos e de tudo. Ele criou os céus e a Terra. É soberano sim, exatamente da maneira como você sentiu e pensou. Ele é absoluto e só se chega à Sua presença com muita fé e aprendizado. Só chega a Ele aquele que já se tenha purificado, muito embora Ele esteja em todos, pois sendo todos Sua obra sempre há um pouco Dele pulsando em nós.

— Soficil, por mais incrível que possa parecer, sei do que está falando, sinto a Sua força nascendo em mim. É muito bom sentir isso; é nobre e imenso o sentimento que descobri dentro de mim. Obrigado, minha amiga!

— Não, Ifin, não agradeça a mim e sim a Ele, ao Pai Criador, pois sem Sua permissão eu não poderia conduzi-lo à ajuda que você mesmo está prestando a si.

— Muito bem, então. Obrigado Pai, por mandar para mim essa fada de amor e bondade.

Ao pronunciar essa frase, notei com alegria que aquela luzinha que havia acendido em mim, pálida e muito pequena, tinha aumentado de tamanho e agora brilhava mais intensamente. Que alegria senti, que força recebi!

— Soficil, como faço para nunca esquecer esta cachoeira e este momento tão lindo e importante para mim?

— Ame as pessoas, a natureza, os animais, ame a si próprio. Veja Deus em tudo e em todos, sempre. Comece já, e quanto mais fé Nele você tiver, mais fácil será para senti-Lo por perto, quando retornar à carne.

— Era justamente esse o meu medo, voltar à carne e esquecer tudo isto.

— Você só vai esquecer na carne, Ifin, mas sempre que o seu espírito se libertar, durante o sono, poderá vir até aqui e reforçar sua fé, bem como olhar para esta divina cachoeira-mãe.

— Se você é quem diz, eu acredito e entendo que tenho de me conformar.
— Resignação, fé, amor, devoção, o encontro com o Pai, mas que belas lições recebeu, Ifin!
— Ah! Isso sim!
— Venha, vamos voltar!
O caminho de volta foi outra grande surpresa, eu já não via somente a bela fauna e a flora do lugar, comecei a ver os seres que lá habitavam. Não eram belos como Soficil, mas eram alegres, riam, voavam, brincavam, colhiam ervas, flores, néctar, transformavam frutas em remédio, em incenso; depois entregavam o material a um homem, meio estranho para mim porque nunca tinha visto alguém tão forte, usando como adorno tantas penas de aves.
— Soficil, quem são esses?
— São seres que habitam esta mata e colaboram com a cura dos encarnados, manipulando energias para que resultem em medicação espiritual aos necessitados.
— E ele, o homem vestido de penas, quem é?
— Ele também habita esta mata. Já encarnou várias vezes e encarnará tantas quantas forem necessárias. No momento, é só o responsável pelo recolhimento do medicamento transformado. Ele faz a coleta e leva para a Terra; depois distribui o remédio a quem necessita.
— Como ele faz isso?
— Agora você está querendo ir além de sua compreensão. Apenas pense sobre isso, e saiba que Deus é comandante de várias formas de se fazer o bem. Ele mesmo permite que as coisas assim aconteçam, ou seja, que a cura dos corpos e das almas se dê tanto na Terra quanto aqui. Apenas raciocine, sem exigir muito de você mesmo, por enquanto.
Pensei que aquela mata era uma fonte de cura criada por Deus.
— Bem pensado, Ifin!
Essa fada!...
— Recolha suas ervas, Ifin, é hora de ir.
— Já, assim de repente?
— Nem já nem de repente, apenas cumprida uma etapa.
— Soficil, é que junto de você, aqui nesta mata, me sinto bem e seguro. Queria tanto ficar mais, aprender mais...

— Compreendo tudo o que disse e sente, mas a vida continua e não é composta apenas de experiências agradáveis. Mesmo os espíritos, mais avançados, jamais se acomodam, buscando sempre aprimoramento.

— Sinto muito se a decepciono, se não correspondi a contento a sua ajuda.

— Postura de vítima não combina com você, Ifin. Siga firme e forte, sempre adiante, e não se preocupe porque você não se esquecerá de mim.

— Assim espero, com todo o meu coração, com toda a minha fé, com toda a minha força. Receba, Soficil, a minha gratidão e a minha simpatia, para sempre.

— Recebo e retribuo, Ifin, filho de Deus, filho da África, futuro trabalhador de Deus.

Assim que terminei de recolher as ervas, eu já não mais estava naquela mata linda. Guardei com força, em minha memória, a divina imagem de Soficil. Meu bom amigo me esperava no mesmo local onde havíamos nos despedido, havia algum tempo.

— Ora, meu velho, não era eu quem devia chamar por você quando aqui voltasse?

— Sim, filho. Vamos! Vejo que as ervas estão todas aí. Isso é bom, vamos precisar dessas pérolas da mata.

— Pérolas? Ah, vocês falam cada coisa!

Rindo muito, meu velho amigo pediu que eu o seguisse. Obedeci, feliz, renovado. Com espantosa rapidez, chegamos ao nosso destino. Era um imenso gramado, muito bem-cuidado. As árvores que compunham o cenário eram enormes e cheias de vida; algumas, em plena época de florada, exalavam um perfume suave e cheiroso. Amarradas às árvores, muitas redes de descanso, feitas de tecido branco. Meu amigo juntou-se então a uma grande equipe, composta por homens e mulheres de sua faixa etária, os quais, sentados no chão sobre a relva muito verde, oravam de mãos dadas, formando um círculo perfeito. Eu fiquei de fora, observando e achando muito bonita aquela reunião, embora não entendesse nada.

Após as orações, a equipe levantou-se e passou a manusear as ervas que eu havia colhido, transformando-as em um líquido que ia sendo derramado dentro de frascos de cor âmbar que já continham, pela metade, outro líquido que supus ser água. Foram enchidos muitos frascos. De alguma forma me senti feliz por ter colaborado com aquele trabalho que parecia muito sério.

— Filho, viu só que grande ajuda você nos prestou?
— Estou vendo, mas devo ser sincero, não estou entendendo nada. Você vai me explicar ou vai fazer como Soficil: dizer que não estou preparado para entender?
— Soficil é muito sábia, se assim falou é porque assim deveria ser.
— Logo imaginei.
— Deixe de se comportar como um menino. Sei que é bom voltar a ser criança, faz bem ao espírito, mas não exagere, você já cresceu.
— Eu sei, meu velho, eu sei. Só quero entender o que está acontecendo aqui. Só isso!
— Deus... Soficil o ajudou a conhecê-Lo, não é mesmo?
— Sim, muito. Amo Soficil como jamais amei alguém, de forma pura, amiga; ela é maravilhosa, não é?
— É uma criatura encantadora. Acima de tudo é uma grande trabalhadora. Penso, às vezes, que ela é uma colaboradora direta do Pai, e que O conhece mais profundamente que do qualquer um de nós.
— Amigo, nunca pensei em ouvir você falar de alguém assim, de forma tão sentimental. Você também ama Soficil?
— Impossível que alguém, depois de conhecê-la, não a ame, concorda?
— Concordo totalmente, mas vai me dizer de uma vez o que quero saber?
— Mude essa forma ousada de falar. Esse traço de sua personalidade precisa ser trabalhado. Por enquanto será um tanto difícil para você, eu sei, mesmo porque foi líder durante suas últimas encarnações, mas alerto: aqui não existem comandantes nem comandados. Reflita sobre essa importante observação. Quanto à sua pergunta, vou explicar sim. Caminhe comigo e lhe direi.

Andamos por aquele gramado lindo e perfumado por belas flores. Ele então me explicou que, dentro em pouco, chegaria ali para ser atendido um grande número de pessoas que haviam desencarnado juntas, vitimadas por um forte terremoto ocorrido na Terra. Explicou ainda que as ervas que eu havia colhido e trazido foram úteis na preparação da medicação adequada àquelas pessoas que, mesmo estando agora no mundo dos espíritos, necessitavam de auxílio médico para que se refizessem do choque de uma morte traumática. Descansariam uma em cada rede, após ingerirem a medicação; por isso a grande quantidade de redes ali existentes. Ficariam em observação, pelo tempo que fosse necessário, até que acordassem espontaneamente. A partir daí, seriam esclarecidas sobre sua nova condição: a de espíritos. Perguntei por que não foram levadas até uma cabana que fosse bem grande. Pensei que assim pudessem estar mais protegidas e abrigadas. A resposta foi surpreendentemente comovente: "Porque eram índios que não conheciam cabanas, seu abrigo era a mata".

— Mas... e as redes, eles conheciam?

— Sim, as que usavam eram feitas por eles próprios, de material bem rudimentar. São espíritos novos, ou melhor, estão apenas iniciando sua trajetória rumo à evolução.

— Agora complicou, meu velho! Agora não entendi mesmo.

— Eu sabia que não entenderia e, como já disse Soficil...

— Já sei! Não estou preparado para isso, ainda.

Risos, muitos risos!

E chegaram os doentes. Vi aquela equipe trabalhando arduamente, em perfeita harmonia: corriam de um lado ao outro, cada um com sua função. E o mais bonito de tudo: trabalhavam por amor, sem interesse, sem pagamento em moeda ou em prestígio, trabalhavam simplesmente porque amavam, e este sentimento que os movia automaticamente os remetia a níveis mais altos na escala evolutiva.

Findos os primeiros-socorros, e estando aquelas almas já encaminhadas, meu velho amigo enfim veio até mim, cansado, mas feliz.

— E então? Ficou impressionado com o nosso trabalho?

— O que seria deles se não fossem vocês?

— Deus tudo vê, portanto, tudo provê.

— Diante de sua sabedoria, meu amigo, o melhor que faço é me calar e tentar aprender um pouco.

— Aprender é necessário, filho, mas assimilar é que é útil.

— Não sei por que, mas, embora às vezes você fale difícil, eu o entendo perfeitamente.

— Eu sei. O que toca o nosso coração, mesmo dito de maneira

difícil, como você diz, a gente entende rápido. Isso é natural naquele que está se preparando para avançar e aprender assimilando.
— Certo, mas e quanto a mim? Qual será o próximo passo por aqui?
— Seu próximo passo será o do esclarecimento das suas dúvidas, será um reencontro e, por fim, uma escolha que possa elevá-lo da condição em que você se encontra.
— Não entendi. Você está me fazendo sentir medo falando assim.
— Nada tema! Já é tempo. Precisamos avançar.
Voltamos em questão de segundos àquele poço das águas milagrosas, onde me purifiquei um pouco. Dessa vez, porém, quem pegou a água foi ele. Em seguida, pronunciou algumas palavras, olhando para o alto, e estendeu as mãos sobre o balde para energizá-lo. Depois me chamou para perto dele, dizendo:
— Olhe fixamente para a água. Comece esse exercício, lembrando do momento em que Soficil o ajudou a conhecer Deus; continue olhando para a água; saberá o momento de parar.
Obedeci. Não sei como, mas, depois de alguns minutos olhando fixamente para a água, foi como se eu tivesse sido transportado para outro lugar, sem ao menos me dar conta disso. Revi a vida que acabara de deixar, com todos os meus erros e acertos; revi a vida anterior e mais outra.. Entendi, enfim, que era realmente impossível pedir perdão a todos aqueles que eu havia maltratado, subjugado. Entendi que a única maneira de me redimir era voltando à carne, junto daquelas pessoas, ou pelo menos boa parte delas. Mesmo porque há muito estávamos unidos no vaivém do espírito.
É assim que acontece. É nas nossas idas e vindas que nos depuramos, que realmente conseguimos o perdão daqueles de quem somos devedores. É na convivência que o caminho se refaz; onde pagamos nossas dívidas, sem esquecer que toda a cautela é pouca, no sentido de não se contraírem novos débitos. Para tanto, depois de muito errar, o espírito, inconscientemente, já na carne, sabe onde não deve pisar, conhece a conseqüência de um ato insano e não o repete porque já assimilou a lição. Pode cometer outros erros, é claro, pois o aprendizado é longo e as imperfeições são muitas, mas o que se assimila é conquista e, uma vez conquistado um tesouro da alma, ele jamais se perde.

Absolutamente imerso nesses pensamentos que começavam a me responder as dúvidas que tanto me torturavam, eis que uma imagem começava a surgir as poucos na água, a partir de uma luz branca e intensa. Ia tomando uma forma de mulher. Ela! Muito emocionado, mas lúcido e consciente, senti que era hora de parar. Tudo o que eu precisava ver e sentir, estava ali, diante de mim.

Fechei os olhos, pedindo a Deus que tomasse conta de mim, um filho ingrato que estava disposto a voltar para Ele, ciente de seus débitos e obrigações para com Ele mesmo, porque quando se atenta contra toda e qualquer criatura é a Deus mesmo que estamos negando, afrontando... Assim pensando, pedindo, rogando, no momento em que eu ia me pôr de pé, senti o toque suave de uma mão muito conhecida por mim e jamais esquecida por minha memória imortal. Temi virar o rosto, temi o momento do reencontro por não me reconhecer digno, mas olhei mesmo assim. Impossível, pensava eu, atônito com a visão:

— Você? O que faz aqui?

— Ifin, meu filho... — disse meu velho amigo. — Lembre-se, isso já lhe foi dito. Acorde e perceba o que realmente aconteceu.

— Não posso crer, então é verdade. Confesso que não acreditei muito nessa história, meu velho. Agora vejo, é verdade!

Diante de mim, sorrindo, estava meu irmão gêmeo que, na realidade, era a minha amada que aceitara retornar à carne junto comigo, em condições adversas ao seu adiantamento. Por isso ela reencarnara como homem: para que eu não corresse o risco de cometer com ela antigos erros que tanto nos torturaram. Na verdade, reencarnou comigo para me orientar e, de alguma forma, me proteger de mim mesmo. Não foi fácil para ela. Devo confessar que não fosse sua presença sempre doce, amiga e muito forte ao meu lado, fatalmente eu teria voltado às zonas escuras de dores e sofrimento. Foi ela quem, o tempo todo, irradiou por mim, me intuiu, me desviou de males maiores, freou minhas loucuras com sua mansidão e boas palavras. Estivemos juntos não só nessa última vida: ela sempre esteve ao meu lado, me ajudando e até se sacrificando por mim, na ocasião em que fui um pigmeu da floresta.

Amor, no sentido mais amplo da palavra, é e sempre será o sentimento que um dia haverá de nos unir em comunhão de ideais, mas sei que muito haverei de me esforçar para conseguir adentrar a radiosa vibração à qual ela pertence. Só peço a Deus que me ajude e me dê forças para conquistar definitivamente esse amor que inunda e ilumina o meu peito, que me faz querer ser melhor. Foi ela ainda quem evitou que eu caísse mais uma vez nas teias da baixa magia, de alguma forma me pondo em contato redirecionado com a espiritualidade, infundindo em mim a fé pura e o serviço aos enfermos através das ervas. Não fosse ela, eu não teria executado tão bem esse trabalho. Agora sim compreendo definitivamente que foi exatamente esse conjunto de medidas que ela — o meu amor, o meu anjo bom — tomou que me livrou da escravidão nas zonas mais densas do plano espiritual. Todo esse bem que fiz, as ervas, a construção do império, tudo de bom que ensinei e que deixei como legado para uma multidão foi o que permitiu que o mal que eu havia feito fosse atenuado. Foi por isso que tive a abençoada chance de vir para este lugar, cheio de bons ensinamentos e reflexões. Por tudo isso é que Deus me concedeu esta bênção: ser tratado por este bom e velho amigo do meu coração imortal. Se pude vir, é porque, ao contrário do que Soficil disse, eu já estava preparado para absorver algumas lições.

Com os olhos marejados e o peito explodindo de emoção, olhei para o céu infinito e disse, do fundo do meu pobre coração:

— Obrigado, meu Deus! Permite que eu me torne digno pagando as minhas dívidas para Contigo. És infinitamente bom e, agora que Te conheço, de Ti não haverei de me desviar. Sei, Pai, que muito haverei de sofrer para pagar o meu débito, mas estou disposto a isso. Sei que preciso e que devo pagar. Tu me criaste e agora quero colaborar Contigo, pois fui ingrato não sabendo reconhecer-Te em todo o bem que me concedeste, em tudo e em todos que criaste. Perdão, Pai! Abençoa-me enfim para que eu possa continuar, e principalmente suportar a estrada de espinhos e dores que terei de trilhar. Tua bênção será o meu refúgio, o meu bálsamo e a minha força; coloco em Tuas mãos o meu destino, seja feita a Tua vontade, meu Deus.

11
De volta à África

Sou um feto no ventre de minha futura mãe. Ela é alegre, canta e sorri, enquanto trabalha na beira de um rio que corre forte, ruidoso e exuberante. Estou tranqüilo dentro das águas mornas de seu ventre, que me oferece alimento farto e gratuito. Daqui posso ouvir outras vozes, tão alegres quanto a de minha mãe. Tudo é harmonia. Mas começo a sentir uma ligeira modificação na vibração do ambiente. Aqui de dentro, ouço sons muito altos, aos quais não estou habituado. As vozes já não são mais harmônicas; não ouço mais as cantigas suaves que me embalam. Os sons se modificaram de uma forma estranha; sinto uma pressão forte à minha volta, como se algo quisesse me arrancar de dentro do ventre de minha mãe. Procuro resistir; não é hora de sair, não vou ceder à pressão. Sinto que minha mãe está diferente; seu coração bate tanto que quase me deixa surdo. Os líquidos, que me alimentavam tão suavemente, agora passam por mim sem que eu consiga retê-los, e começo a sentir fome. Não entendo por que, de uma hora para a outra, tudo sacode tanto. Começo a balançar de um lado para o outro, batendo ora aqui, ora ali. Fico tão tonto que acho que vou desmaiar. O coração de minha mãe continua a pulsar forte. Esse som alto tira a minha paz, e quero sair daqui, deste ventre.

É uma noite de tempestade no mar. As ondas batem fortes contra o casco desta frágil embarcação. Os gritos de minha mãe se confundem com os de dor e desespero daqueles que são seus companheiros de viagem. Minha mãe grita de dor física — as dores do parto —, enquanto eles gritam por outras dores, tão intensas quanto as dela.

Enfim, eu consigo nascer, ou melhor, renascer, dentro de uma embarcação que se debate em meio a um mar infinito e revolto. Meu choro sentido se mistura ao choro de outros filhos, mães, pais, amigos.... Com imensa dificuldade, minha mãe consegue me amamentar. Entre lágrimas e risos, dores físicas e morais, ela, heroicamente, me sustenta em seus braços enfraquecidos, em seus seios quase vazios, mas com força máxima em seu amor e em sua fé de mãe.

12
Em terras brasileiras

Cresci em uma enorme fazenda. Eu e minha família trabalhávamos na lavoura de café. Minha mãe nos contava, a mim e a meus irmãos, histórias sobre a África distante que ela deixara sem ao menos saber o porquê. Ela falava pouco do meu pai. Ele não veio conosco, ficou na África, e nunca mais soubemos dele. Ela se casou de novo no Brasil, por isso é que eu tinha irmãos. O marido dela era como se fosse meu pai, mas às vezes eu sentia uma vontade enorme de conhecer o meu pai verdadeiro, que não sabíamos se estava mesmo na África ou se tinha vindo também para cá, indo parar em algum lugar distante de nós. O comentário geral era de que o Brasil era muito grande, e a maioria dos africanos trazidos para cá era separada de suas famílias.

Éramos escravos. Minha mãe nos contava como era bom viver livre lá na África, que, segundo ela, era linda, quente e, acima de tudo, o lugar onde vivia feliz. A nossa vida era dura, trabalho de sol a sol, castigo, fome, solidão, medo. Mesmo assim, eu e meus irmãos crescemos fortes e sadios, pois nossos pais faziam de tudo para que o alimento não nos faltasse, além de nos ensinar regras de comportamento que nos livrassem dos duros castigos. Éramos tidos como os melhores e mais valiosos escravos da fazenda, em razão do nosso bom comportamento e do nosso trabalho, sempre muito bem-feito. Como recompensa, meus pais passaram de escravos comuns a internos da casa-grande, onde moravam nossos patrões. Lá, o serviço não era tão pesado; então, eles foram envelhecendo mais fortes e felizes, mesmo porque nossos donos eram bons, pelo menos com os bons escravos, sabendo reconhecer os valores de suas peças.

O que eu mais gostava por ali era o dia da festa em que se comemorava o término da colheita. Era divertido e a única ocasião em que nos era permitido ter um pouco de alegria e paz. Eu gostava também de nossos trabalhos espirituais, muito embora tivéssemos de nos esconder para manifestar nossa fé, diferente da dos nossos patrões. Eu e meus irmãos seguimos a fé de nossos pais e gostávamos muito de participar dos rituais. Normalmente, as oferendas aos deuses africanos aconteciam na calada da noite, pois por ali só podíamos dar vazão total à nossa fé nos dias de festa, único momento em que nos permitiam tocar nossos instrumentos musicais que serviam também, dentro do ritual africano, para homenagear os deuses e atrair os bons espíritos que vinham do Espaço para nos ajudar. Durante a festa, uníamos o útil ao agradável, misturando fé e alegria.

Ao contrário das outras crianças, eu era sisudo, preferia brincar sozinho, mesmo porque a brincadeira comum me entediava. Até junto dos meus irmãos eu era diferente, talvez por ser filho de outro pai. Meu jeito de ser não combinava com o modo deles, e, portanto, eu passava muito tempo sozinho e calado. As pessoas me achavam esquisito, mas eu não dava importância ao que os outros pensavam de mim; pelo contrário, eu só queria ficar em paz.

Quando ficávamos doentes, salvo em casos muito graves em que o patrão tinha interesse em salvar algum escravo e mandava trazer o médico, utilizávamos nossa medicina natural, que o velho conhecimento africano trouxera consigo. A terra e sua fartura farmacêutica é que aliviavam as nossas dores. À medida que eu ia ficando mais velho, passei a me interessar pela cura por meio das ervas e dos benzimentos que nossos anciões faziam tão bem, chegando, por vezes, a curar até brancos que vinham à sua procura quando os recursos médicos não se faziam valer. Cheguei a testemunhar muitas curas feitas pelos pretos nos brancos, que, depois de curados, esqueciam-se do benefício, atribuindo a graça recebida a alguma santa de sua devoção. Para mim, o desprezo dos brancos não tinha a menor importância, pois eu sabia e sentia de onde e de que fonte vinha a cura. Não sei como eu tinha essa convicção, mas eu tinha.

O fato é que passei a me interessar muito pelo assunto e a observar o que os anciões faziam, sempre que eu podia ou tinha momentos de folga. Meu interesse crescia a cada dia. Nessa época, eu já era um adolescente, e sabia que um dia poderia ser como eles e curar. Só que não queria ter de envelhecer para começar a trabalhar: por mim, começaria naquele exato momento, sem vacilar.

Um belo dia, estava eu ao pé do fogão da casa-grande, quando a senhora entrou na cozinha. Quase morri de medo e vergonha, mas, quando me levantei para sair correndo, notei que ela tinha a mão inchada e roxa e que vinha pedir um chá a minha mãe, não se importando com a minha presença. Parei e fiquei observando. Enquanto minha mãe servia o chá, fui até a horta, colhi algumas ervas, preparei-as, energizei-as, e, de volta à cozinha, disse baixinho: "Mãe, envolva a mão da senhora com estas ervas; depois, cubra a mão com um pano limpo e diga a ela que só as retire amanhã pela manhã".

Minha mãe me olhou desconfiada, mas, quando quis ralhar comigo, me antecipei à bronca e disse a ela, muito sério, que eu tinha certeza de que a mão de nossa senhora seria curada. Minha mãe pensou por alguns segundos. Depois vi que ela conversava com a senhora, e, em seguida, aplicava as ervas e o pano limpo, seguindo as minhas orientações. Eu me senti feliz. Seria o meu primeiro trabalho como curador; eu sabia que daria certo.

A manhã do dia seguinte já avançava quando um dos criados da casa-grande veio até a lavoura à minha procura. Eu já sabia do que se tratava. Larguei a ferramenta e o segui pelo caminho que nos levaria à casa-grande. Caminhei satisfeito e orgulhoso; afinal, não eram só os velhos que conheciam a arte da cura. Começava ali, naquele momento, uma longa jornada para mim, e eu precisava dela. Ao chegarmos diante da bela construção, lembro-me bem de ter respirado fundo, ter feito uma oração e caminhado escada acima, feliz, cheio de esperanças. Minha mãe veio me receber e, pelo seu sorriso, eu tinha certeza de que o que viria seria muito bom.

— Venha, filho, a senhora quer vê-lo.

Diante daquela mulher fina, elegante e superior, me curvei, mas senti mãos firmes a me reerguer:

— Nada disso, moleque, se tem alguém aqui que deve se

curvar, esse alguém sou eu. Você me curou de um mal que me afligia há tempo. Médico nenhum conseguiu, só você.
Sinceramente eu não sabia o que dizer nem o que pensar. Fiquei ali, diante daquela senhora, satisfeito mas sem saber como me comportar. Fiquei olhando para o chão, pensando ser essa a melhor maneira de me apresentar a ela.
— Olhe para mim, moleque!
Olhei timidamente.
— Você já é curandeiro com essa idade?
Balbuciei algumas palavras que ninguém entendeu, nem mesmo eu.
— Fale comigo, moleque, eu lhe fiz uma pergunta. Responda!
Com imensa dificuldade, comecei a falar:
— Não sei se sou curandeiro, nunca fiz curas, apenas ajudei a senhora com o que aprendi.
— Aprendeu com quem?
— Observando os velhos. Eles nunca me ensinaram. Eu só olhava e estou aprendendo, só isso.
Um silêncio ameaçador se fez na sala. A senhora se afastou de mim, pedindo que eu esperasse ali. Assim fiz, fiquei de pé, na sala, até que tornei a ouvir a voz dela:
— Pronto, reuni todos os velhos, agora quero que me digam, quem, dentre vocês, velhos curandeiros, é melhor do que este moleque aqui.
— Como assim? — perguntou o curandeiro mais velho.
— Vamos, digam, quem é melhor que ele?
E o mais velho tornou a falar:
— Não entendo o que a senhora quer dizer. Este moleque é só uma criança, pode vir a ser um curador, mas por enquanto é só uma criança. Como podemos responder essa pergunta, se não estamos entendendo o que a senhora quer saber?
— Pois bem, já que não entendem ou fingem não entender, vou explicar. Este moleque aqui, filho de meus criados internos, curou a minha mão, coisa que vocês não conseguiram. Vieram aqui inúmeras vezes, fizeram isso e aquilo e nada... Depois, chega este moleque e num piscar de olhos me traz a cura. Vejam a minha mão. Está curada graças a ele. Como me explicam isso?
Espantados e envergonhados, todos se calaram, mas a senhora não desistiu, queria a todo o custo uma explicação que

a convencesse. Pressionou os velhos, pensando que eles estivessem lhe ocultando algo, o que não era verdade. Diante daquela insistência, que constrangia a todos, resolvi inventar uma explicação, sustentado pelo fato de ali estar faltando um dos velhos e ela não ter percebido. Faltava justo a pessoa com quem eu mais tinha afinidade, por quem mais tinha respeito, e quem eu mais observava trabalhar. Quando abri a boca para falar, os deuses me ajudaram e o mais velho antecipou-se, dizendo:

— Senhora, não fui eu quem ensinou este moleque, nem nenhum de nós aqui presentes. Portanto, só pode ter sido o Vô Firmino, que adora crianças, e justamente ele não está aqui porque foi atender um amigo do patrão que está muito doente no povoado.

Não precisei inventar a história mentirosa. Mentalmente agradeci aos deuses e aos espíritos de minha devoção pela providencial intercessão. Conformada, a senhora não prosseguiu com a pressão, dizendo que esperaria o retorno do Vô Firmino e falaria com ele sobre o assunto, mas não deixou de me lançar um olhar interrogativo. Graças aos deuses, ela não fez a derradeira pergunta que me obrigaria a mentir para que todos nós saíssemos daquela situação.

Diante do ocorrido, pedi a todos os meus companheiros que ficassem de olho e me avisassem assim que o Vô retornasse. Eu precisava falar com ele antes que a senhora o chamasse, mas a coisa não aconteceu bem assim. Sem que meus companheiros percebessem, Vô Firmino retornou e, assim que pôs os pés na fazenda, a senhora o chamou.

— Vô Firmino, como está o homem?

— Vai ficar bem, senhora, mais alguns dias e estará pronto para outra, com certeza.

— Vô, por que razão o senhor não curou a minha mão?

— Por razão nenhuma, senhora. A senhora é que nunca confiou nas minhas mandingas de preto. É por isso que nunca pude lhe curar; pois onde não há fé, e sim desconfiança, nada pode ser feito.

Diante da resposta sincera de Vô Firmino, a senhora se calou; dessa vez, no entanto, a envergonhada era ela.

— Devo admitir que o senhor tem razão. Por que não fez como o moleque Inácio, seu aprendiz?

— Não entendi, senhora.
— Vamos, Vô, o moleque Inácio, seu aprendiz, foi ele quem me curou. Quero saber por que o senhor não agiu como ele.
— Inácio? Quem é o moleque Inácio, senhora?

A senhora estava prestes a ter uma crise de nervos, quando, num canto da sala, pelas suas costas, minha mãe fez sinal a Vô Firmino que, mesmo sem nada entender, usou seu jogo de cintura:

— A senhora me desculpe, por um momento me esqueci de Inácio. O que foi que ele fez?
— Ele me curou. Receitou algumas ervas que ele mesmo colheu, e veja, olhe para a minha mão, ele me curou. Fez isso à distância, sem chegar perto de mim e sem nada prometer. Ele, o moleque Inácio, me curou.

Vô Firmino observou a mão da senhora e, com sua visão dilatada que transcendia o material, viu que aquela cura seria temporária. Detectou que a doença retornaria com mais força e que culminaria com a amputação daquele órgão, tão precioso àquela senhora orgulhosa. Mas ele nada disse nem esboçou nenhum sentimento:

— Sim, senhora. Está curada então! Que bom, não é mesmo? É, os aprendizes, por vezes, saem-se melhor do que seus mestres!
— Vô, quero que continue a ensinar Inácio e quero vocês dois trabalhando aqui dentro da casa-grande. Terão acomodações dignas, tudo do bom e do melhor. Vocês serão nossos curandeiros e conselheiros, o que me diz, Vô?
— Não sei não senhora. Nosso povo precisa de nós. As pessoas do povoado também; portanto, não sei o que dizer.

Num impulso, a senhora se levantou, e o mesmo fez Vô Firmino.

— Certo, está certo, velho Firmino, vamos entrar em um acordo, mas não estou mais pedindo que o senhor e o moleque venham para cá; estou ordenando. Vocês virão hoje para a casa grande. Os detalhes, quanto ao seu povo e aos demais doentes, depois veremos. Vá buscar agora o moleque! Tragam as trouxas e voltem a falar comigo.

Sem alternativa, Vô Firmino veio até mim, espumando de raiva, louco para entender o que afinal estava acontecendo por ali:

— Quem é o moleque Inácio? — gritou o velho na senzala, que já se preparava para o descanso.
Timidamente, ergui a mão.
— Sou eu o Inácio. Sou moleque, mas não nasci Inácio. É mais fácil do branco me chamar. Estou aqui. Posso ajudar?
— Ajudar, moleque? Venha cá agora!
Desconfiado, foi a muito custo que percebi que era Vô Firmino quem estava ali, procurando por mim, um...
— Moleque! O que foi que você fez? Por que usou o meu nome?
Eu tremia dos pés à cabeça e, diante daquele homem que eu admirava e respeitava tanto, me urinei todo. Vendo a cena, Vô Firmino, que era bondade pura, passou o braço sobre meus ombros e ambos caminhamos pelo terreiro, como se nada tivesse acontecido. Ele me falou algumas coisas, depois pediu que eu trocasse minhas calças, pegasse minha trouxa e viesse com ele até a casa-grande porque a senhora assim ordenara. Obedeci. Eu e Vô Firmino, desde aquele momento e por muito tempo, seríamos um só. Mais que pai e filho, mais que simples amigos, uniríamos forças, tornando-nos uma força só.

Apresentamo-nos à senhora, que já havia providenciado boas acomodações. Nosso jantar naquele dia foi um manjar dos deuses: nunca eu havia provado sabores tão bons, tão aromáticos, nem tão pouco havia usado até então um prato e um talher. Logo, gostei da coisa. Vô Firmino, em sua sabedoria, chamou de pronto minha atenção:

— Não se iluda com tudo isso, moleque Inácio. A senhora deve estar querendo alguma coisa de nós. Não se encante por demais com estas regalias, elas podem ter, no futuro, um preço muito alto. Saiba se controlar e que seja essa a primeira lição que deve aprender comigo. Já que devo ensiná-lo, vamos começar já. Não se deixe encantar: a face do mal está repleta de belos rostos, regalias e repastos, mas quando o véu da beleza cai, o que vemos é só podridão e dá um baita trabalhão lidar com a escuridão sem se contaminar.

Ao mesmo tempo em que entendi a lição, questionei algumas coisas que não disse, porque o que eu queria mesmo era aproveitar tudo de bom que havia ali. Eu estava feliz, pensava sem parar em meus pais. O que será que eles diriam quando, após o amanhecer do dia, me encontrassem ali na casa-grande, mais privilegiado do que eles? Comecei a torcer pelo amanhecer, para poder compartilhar a minha alegria e, ao mesmo tempo, esnobar os outros.

E amanheceu o dia, o primeiro de uma árdua jornada, mas com promessas vivas de melhorias para o meu espírito tão necessitado. Levantei da cama, que era também novidade para mim, porque eu dormia sobre uma esteira. Senti meu corpo descansado, refeito, e a minha disposição para o trabalho era total. Se tivesse de ir para a lavoura naquele dia, renderia o dobro dos meus companheiros. Mas os planos da senhora não incluíam o meu trabalho na lavoura, graças aos bons deuses e ao Deus de minha senhora. Ao me ver na cozinha da casa-grande, minha mãe, de olhos marejados, me abraçou forte, me abençoou e pediu que eu tivesse juízo, sabendo aproveitar aquela oportunidade. Vô Firmino, que vinha logo atrás de mim, viu a cena e comentou:

— Isso mesmo, negra Ângela, só com muito juízo e trabalho é que esse moleque pode ter futuro. Deixe comigo, vou ensinar algumas coisas boas a ele, e saiba que, no que depender de mim, o futuro dele está garantido.

— Obrigada, Vô Firmino, o senhor é muito bom mesmo.

Vô Firmino era jardineiro na fazenda, não só cuidava do jardim como das ervas curadoras, das hortas, dos pomares etc. Devo confessar que seu trabalho me encantava; assim como ele, eu também amava as plantas, as flores, as frutas e a lida delicada com a terra. Sim, porque o trabalho com a terra, na lavoura, era totalmente diferente, chegando a ser frio. Ali, com Vô Firmino, além de ser diferente e mais leve, havia uma dose de amor tão grande que é difícil explicar. Ele conversava amorosamente com as plantas, fazia carinho nelas, brincava, contava casos para elas. Tinha gente que dizia que o velho estava caducando, mas eu sabia que não, eu conseguia compreendê-lo e admirá-lo cada dia mais. Ele era um velho mágico que transbordava bondade e amor.

— Venha cá, moleque, vamos começar a trabalhar!

Até o seu chamado era delicado, gentil, amoroso. Passei a sentir por ele algo que pensei que poderia, se o tivesse conhecido, sentir pelo meu pai. Era muito gostoso o novo sentimento que o

Vô estava fazendo brotar em mim, bem no meio do meu peito.
— Antes de mais nada, quero que me mostre as ervas que usou para a tal cura da mão da senhora, e me diga que tipo de reza fez.
— Sim, senhor. Veja, Vô, usei estas três aqui. Misturei com um pouco de terra, amassei bem tudo e depois fiz a reza da cura que minha mãe me ensinou, estendendo sobre as ervas as minhas mãos, com muita fé. Depois, peguei um pouco de água do riacho, tornei a misturar e pedi que minha mãe dissesse a ela para espalhar as ervas na mão, enrolar um pano limpo e deixar por uma noite. Foi só isso que eu fiz, Vô, eu juro.
— E a reza? Recite a reza! Talvez até eu aprenda alguma coisa com você. Vamos lá! Recite, quero ver se conheço essa reza, ou se será mais uma para que possamos usar nas curas.

Comecei a recitar a reza devagar, de olhos fechados, totalmente envolvido por forte vibração que me fazia chorar e transpirar forte. Quando terminei, Vô Firmino estava boquiaberto diante de mim, visivelmente emocionado e satisfeito com a força da minha oração e com a minha fé firme. Ganhei um abraço tão forte e verdadeiro que seria lembrado por mim pelo resto de minha vida: o abraço do Vô Firmino, presente de Deus!

Daquele momento em diante, ele passou a me ensinar as coisas com gosto, pois não só reconhecia o meu grande interesse como percebeu que eu tinha "algo mais". Esse "algo mais" era o que hoje se chama mediunidade de cura. Em sua linguagem simples, ele me explicou que, quando eu orava, pedindo ajuda ao Alto, eu entrava em contato com espíritos que tinham por missão trabalhar pelo bem da humanidade, em nome de Deus e do Cristo. Como não conhecesse o Cristo, pedi ao Vô que me explicasse quem era ele. Eu sabia que a religião dos brancos tinha no Cristo muita fé, mas nunca ninguém havia me falado Dele. Portanto, quando eu orava pedindo ajuda, eu pensava nos deuses de nossa devoção africana, ou melhor dizendo nos dias de hoje, nos orixás sagrados de nossa religião.

— Sim, moleque Inácio, você pede ajuda dos orixás, só não se esqueça nunca de uma coisa: preste bastante atenção, pois o que vou ensinar agora você levará para sempre em sua memória, e isso deverá ficar bem claro para você. Nossos amados orixás são divinos mistérios de Deus, que a tudo e a todos criou.

Deus, moleque, está acima de tudo. Sem a permissão Dele, nada se consegue nem se alcança. Os orixás, assim como o grande Mestre Jesus, além de outros, são seus auxiliares na Terra, fazendo com que a Sua Lei Soberana se cumpra nos céus e neste planeta chamado Terra, onde nós vivemos com este corpo de carne que nada mais é que a roupa que nosso espírito usa por um tempo. Quando eu disse, ainda há pouco, sobre a Lei de Deus desde os céus até a Terra, quero na verdade dizer que as leis Dele são para o espírito e para a matéria. O Universo obedece às leis de Deus que o criou. Conseguiu entender o quanto Deus é grande?

— Sim, Vô, entendo sempre tudo o que o senhor diz, mas por que na África não se fala Dele?

— É claro que se fala. O que acontece é que lá a maneira de falar Dele é outra. Deus é um só, mas cada povo o cultua de uma maneira diferente, de acordo com sua crença. Sempre, e em todo lugar, se fala de uma força poderosa e soberana que nada mais é que Deus.

Com muita paciência e sabedoria, Vô Firmino me falava de Deus, de Jesus e da Virgem Maria, a quem muito me apeguei. Não sei se pelo fato de se referir a ela com muita doçura, carinho e brilho nos olhos, ou se por ver na figura dela alguém a quem eu muito amava sem ao menos conhecer, o fato é que seu simples nome passou a vibrar forte em meu coração, em minhas rezas, em minha vida, que se modificava a cada dia.

Eu e Vô Firmino passamos a cuidar da saúde de nossos senhores, dentro da casa-grande. Fora de lá, a senhora nos havia autorizado a trabalhar também, mesmo porque Vô Firmino só aceitou viver naquela casa cheia de regalias se pudesse atender a seu povo e a quem necessitasse. Em pouco tempo, eu já tinha aprendido muito; ele se orgulhava de mim como um pai se orgulha de um filho bom. Mesmo com pouca idade, o meu interesse pela vida era diferente do comum. Os outros meninos da minha idade riam e zombavam de mim, mas não me importava porque eu os considerava vazios e tolos. Suas maneiras e o modo de pensar só não me incomodavam mais porque meu contato com eles era muito pouco: eu utilizava bem o meu tempo, nunca perdendo uma oportunidade de aprender. Eu era muito curioso e isso mais me ajudava do que atrapalhava, porque a

A História de Pai Inácio

minha curiosidade era sadia: eu só pretendia entender as coisas da vida e de fora dela, no outro plano, o do espírito. Foi essa curiosidade que me fez descobrir uma nova face na religião de nossos patrões. Certa noite, acordei com muita sede, bebi toda a água que encontrei no quarto, mas a sede não acabava. Resolvi então ir buscar mais água na cozinha, mas para isso teria de atravessar vários cômodos em total penumbra, tendo muito cuidado para não acordar ninguém. Tive medo de ir pelos fundos, caminho que seria mais rápido e do qual todos os escravos e serviçais se utilizavam, só que, àquela hora da noite, o meu medo era dos cães de guarda que dormiam perto da entrada dos fundos. Para não ter de passar por eles, correndo o risco de fazer enorme barulho e ainda ser mordido, resolvi que passaria mesmo pelo meio da casa. Lá fui eu, em minha aventura noturna pela casa-grande. Pisei na ponta dos pés para não fazer barulho e segui adiante; água era tudo que eu precisava. Quando ia passando por um dos cômodos, já perto da cozinha, ouvi vozes e percebi iluminação mais forte. Como que por encanto, esqueci a sede e, curioso como um gato, cheguei perto do tal cômodo para ouvir ou ver melhor o que ali se passava. Naquela hora tão avançada, o que faria alguém acordado? E quem estaria ali, conversando ao invés de descansar? As perguntas vinham em minha mente feito turbilhão, então cheguei mais perto, bem quieto. Agora já não era mais a sede que eu queria satisfazer, mas minha aguçada curiosidade. Pude observar, espiando por uma fresta da porta, que, ao redor de uma mesa redonda e perfeitamente coberta por uma toalha branca, estavam meus patrões, um casal de amigos que passava uns dias na fazenda, e um senhor que eu nunca tinha visto. Eu não conseguia ouvir bem o que diziam, e resolvi me aproximar um pouco mais, mesmo porque, de onde eu estava, eles não conseguiriam me ver:

— Vamos lá, meus irmãos, vamos ver o que os espíritos nos dizem sobre este assunto! Abram seus livros na página marcada na reunião anterior, com certeza encontraremos a resposta que procuramos.

Quase gelei, apesar do calor que fazia naquela noite. Sim, digo que quase gelei por causa da frase que ouvi. Espíritos! Então meus patrões acreditavam em espíritos? Pensei que acreditassem só na Igreja... foi aí que a minha curiosidade dobrou. De preto, acho que fiquei branco de medo, espanto, sei lá! Fato é que comecei a tremer dos pés à cabeça, mas queria ouvir mais.

O homem desconhecido leu em voz alta um trecho do tal livro, os outros acompanhavam a leitura em seus próprios livros:
— Então meus irmãos, o que os espíritos dizem é que podemos sim orar aos bons espíritos; porém, antes de mais nada, devemos compreender que eles só podem responder às nossas orações se assim Deus o permitir.

Minha patroa estava encantada com os ensinamentos daquele homem, que parecia uma boa pessoa mesmo. E foi ele quem tomou a palavra mais uma vez, depois de um breve silêncio:
— Vamos nos dar as mãos, orar, pedindo ao Pai Celestial que aqui, nesta mesa na qual louvamos o Seu Santo Nome, possa se manifestar o espírito do doutor Ananias Rezende para nos esclarecer e conosco compartilhar deste momento de fé e de união, em nome de Deus e de Jesus, nosso Mestre Divino, que nos ampara e nos assiste em todas as horas. Assim seja!

O que era aquilo? Eu não estava entendendo bem o que se passava naquela sala, mas uma coisa ouvi e sei que entendi: o homem desconhecido estava chamando por um espírito, e, da mesma forma como em nossos rituais africanos, o espírito deveria tomar o corpo de alguém para se manifestar. Penso que o desfecho daquela misteriosa reunião daria nisso. Então, continuei parado, bem quietinho. Estava tudo muito interessante... De repente, o tal desconhecido soltou as mãos que segurava e, num forte suspiro, quase caiu para trás. Pensei que ele tinha incorporado o tal espírito. Queria só ver.

Em meio a minha curiosidade e atenção voltada só para aquela sala, não havia, até então, sentido um focinho gelado cheirando os meus calcanhares nus. Assim que percebi o enorme cão que me cheirava, pronto para me atacar, não sabia se corria, se ficava, se gritava ou se chorava. Pensei na Virgem Maria, e roguei a Ela com todas as minhas forças que me livrasse daquela criatura e da vergonha de ser pego espionando os patrões. Rezei forte, supliquei, suei, chorei, e imóvel permaneci até que o animal, por obra e graça de minha Mãe Maria amada, me deixou e se foi. O alívio foi tão grande que minha vontade então passou a ser a de ir embora dali o mais rápido possível, mas a danada da

A História de Pai Inácio

curiosidade me matava, e resolvi ouvir só mais um pouco.

— Mantenham suas mentes em oração, meus irmãos! Do contrário, não poderemos fazer contato com o espírito do doutor. Esperem, outros irmãos nossos do plano espiritual estão chegando; penso que queiram também se manifestar.

Depois dessa frase, minha curiosidade se apoderou de mim, mas minha coordenação motora falhou e aconteceu que a jarra para pegar água escorregou de minhas mãos suadas e frias, caindo ao chão e fazendo um som tão alto que mais parecia o soar de um velho sino que fazia tremer todo o ambiente. Na sala, alguém gritou e fez menção de sair dali correndo de medo dos tais espíritos, sendo impedido pelo homem desconhecido. O pobre do meu patrão estava apavorado, pensou mesmo que o barulho de minha jarra de água fosse coisa dos espíritos que estavam sendo chamados. O pobre estava até transparente de tão branco. Tive muita vontade de rir, ou melhor, de gargalhar, porque a cena foi hilária, mas contive o meu riso a todo o custo para não ser descoberto. Peguei a "infeliz" e, como não pudesse correr dali naquele momento, fiquei paralisado, morto de medo, todo suado, louco para ir embora, sem ter como. Continuei ainda em meu esconderijo e pude ouvir os comentários sobre o ruído que eu havia feito:

— Eis a prova de que muitos espíritos vieram nos visitar na noite de hoje, meus irmãos! Todos pudemos ouvir o soar do sino espiritual anunciando a chegada dos queridos irmãos. Vamos agradecer a Deus pela oportunidade e tentar falar com pelo menos um de nossos visitantes. Vamos nos concentrar, mantendo a prece em nossas mentes, sem medo, pois esses espíritos são nossos irmãos, apenas estão num plano diferente do nosso, no momento, mas um dia todos nos uniremos a eles em uma das moradas de Deus, onde a matéria densa não existe, e só o espírito vive.

Pela minha vontade, eu continuaria espionando aquela estranha reunião até o fim, mas a razão me impediu. Com as pontas dos pés, peguei enfim a água e, sorrateiramente, saí tal como havia entrado, sem ser visto, apesar de ter sido ouvido, mas, graças a Deus, confundido com os pobres dos espíritos que nada tiveram a ver com o barulhão que eu tinha feito. Ao me aproximar do pequeno quarto, suspirei aliviado. Nunca tinha passado por tamanha emoção e medo na vida. De jarra na mão, cheia de água fresca, abri a porta do quarto, e mais um susto.

Eu não esperava que Vô Firmino ainda estivesse acordado e, ao entrar, afobado para me colocar em segurança, ao vê-lo sentado na cama segurando uma vela na mão, quase morri de medo achando que fosse uma assombração. Tropecei no pé da cama do velho amigo, derrrubando toda a água em cima da cabeça dele: encharquei-o inteiro, bem como toda a sua cama.

— Inácio, pela Virgem, o que é isso? Ficou louco, moleque? Olha só o que fez...

— Vô, desculpe, eu fui buscar água, porque senti muita sede, e, quando chego, abro a porta e vejo o senhor sentado segurando uma vela. Quase morri de susto!

— Que sede é essa moleque? Não dava para esperar? Comeu sal antes de dormir?

— Não sei, Vô, se comi sal ou o que é que foi, só sei de uma coisa e é muita sério, por causa da minha repentina sede descobri algo muito estranho. O senhor nem vai acreditar quando eu lhe contar.

— Não quero saber de suas histórias agora, seu moleque atrevido. Vou trocar esta roupa que, por sua bela obra, está ensopada. E tem mais: vou continuar meu sono na sua cama, o que é mais que justo depois do que você me aprontou, não acha?

— Acho sim, Vô, mas já disse que não fiz por querer e já me desculpei. O senhor é que ainda está bravo.

— E não deveria não, moleque? Anda, apague essa vela se ajeite porque eu vou é tentar dormir mais um pouco, depois dessa maluquice que você me aprontou! Até amanhã. De manhã você vai me contar toda essa história bem direitinho, moleque doido.

— Tá bem, Vô, agora chega de me xingar e veja se dorme mesmo porque eu hoje é que não vou conseguir pregar o olho, depois de tudo o que vi, ouvi e senti nesta noite louca.

Vô Firmino logo pegou no sono e eu, deitado no chão do quarto, não conseguia parar de pensar na reunião. As dúvidas surgiam na minha cabeça, causando uma grande confusão e uma série de perguntas que meu pouco conhecimento não tinha como responder.

Pela manhã, a primeira coisa que fiz foi colocar no sol a cama e a roupa do Vô, pois ele só tinha mais duas mudas, assim como eu. Não podia reclamar, pois a maioria dos escravos só tinha uma. Ele ainda estava zangado comigo pelo banho da noite anterior e por isso me deu apenas um "bom dia" muito seco e foi fazer sua higiene. Tomamos café juntos sem que ele dissesse uma palavra. Minha mãe estranhou a carranca do Vô e foi logo perguntando:

— Aconteceu alguma coisa, Vô Firmino? O senhor está com cara de bravo hoje.

— Pergunte a este moleque aqui, negra Ângela. Ele pode responder a sua pergunta.

— Inácio, o que foi que você fez? Diga!

— Mãe, a história é longa e não quero falar sobre isso agora. Já me desculpei com o Vô, mas ele continua nessa zanga. Depois conto para a senhora. A zanga do Vô está me deixando aborrecido e vou trabalhar para ver se esqueço a noite que passei.

Assim dizendo, saí da presença dos dois quase correndo, porque não queria contar a história para a minha mãe. Ela certamente brigaria comigo por eu ter espionado a reunião dos senhores. Portanto, saí dali o mais rápido que pude e fui trabalhar. Eu queria mesmo era contar tudo para o Vô; quem sabe ele pudesse esclarecer do que se tratava aquela estranha reunião. O problema é que ele não queria conversa comigo, pelo menos por enquanto. Agora o que eu tinha a fazer era respeitar a zanga do velho amigo, esperando que passasse. Não tinha outro jeito.

Peguei na lida com coragem e a minha cabeça se acalmou, mas essa calma não duraria muito tempo. De longe avistei os senhores e seus convidados num aparente passeio pelo jardim. Não sei por que, mas tremi ao rever o grupo. Continuei meu trabalho, mas a calma deixou a minha mente e esta pôs-se a rodar de novo em meio a um turbilhão de dúvidas que eu não tinha com quem comentar.

Enfim, Vô Firmino veio se juntar a mim, parecendo já mais calmo. Foi então que arrisquei o início de uma conversa:

— Passou a zanga, Vô? Podemos conversar?

— Agora não, Inácio. Veja, os patrões estão vindo em nossa direção. Vamos trabalhar. Depois falamos.

Segui o sempre sábio conselho do velho, mas comecei a suar. Não sei se era medo ou o que era a sensação que aquele grupo junto me fazia sentir. Ao vê-los cada vez mais próximos,

comecei a tremer e Vô Firmino percebeu, só que não podia fazer nada naquela hora pois o grupo já estava perto demais; então, continuamos nosso trabalho sem erguer os olhos.
— Bom dia, Vô Firmino. Bom dia, Inácio.
Respondemos o cumprimento de nosso senhor sem parar de trabalhar, ao que ele foi logo dizendo:
— Parem vocês dois um instante. Nossos amigos querem conhecê-los. Eles se interessam muito pelo trabalho de cura que vocês realizam, e gostariam de dar uma palavrinha.
Foi aí que tremi mesmo. Tive de me conter a todo custo, pois não poderia de maneira nenhuma deixar transparecer o que sentia. Vô Firmino, que muito bem me conhecia, sabia que havia algo errado comigo. Se ele não tivesse ficado tão zangado, tudo naquele momento teria sido mais fácil para mim. Foi quando o homem estranho falou:
— Bom dia aos dois. Como já disse nosso irmão, nos interessamos por curas espirituais. Cremos muito na possibilidade da cura por meio das ervas, das rezas, da imposições das mãos. Ouvimos muito falar de vocês dois aqui na fazenda e até fora dela, e gostaríamos de fazer algumas perguntas.

Graças a Deus Vô Firmino tomou a palavra e tranqüilamente colocou-se à disposição do tal homem, que se chamava doutor Fernandes, e, com toda a calma e segurança do mundo, respondia às perguntas dele. Eu ficava pensando que, se ele era mesmo doutor, por que viria até nós, simples escravos, fazer perguntas. Eu pensava que um homem branco, e doutor, soubesse de tudo, mas percebi que muito daquilo que eu, apesar da pouca idade e experiência, sabia era para o tal doutor uma novidade que o deixava fascinado.

— Pois veja, meu amigo, você tem aqui duas pérolas raras em forma de escravos. Quanto desperdício mantê-los aqui, longe do mundo que tanto precisa de seus conhecimentos e energia.

— Não se iluda, não dê vazão demais à sua bondade, porque a realidade é outra.

— Eu sei. De vez em quando é bom sonhar com a rápida evolução do ser humano.

— Disse bem. Pelo menos no momento é um sonho que os brancos aceitem orientações e curas vindas dos negros. Sei que o amigo discorda da escravidão. Cada vez mais tenho também

A História de Pai Inácio

eu discordado, mas bem sabemos que poucos comungam dessas idéias. Portanto, deixemos de nos iludir e façamos nossa parte, encarando a realidade de frente.

— Não há muito além disso que possamos fazer não, eu sei.

E, de repente, o doutor se virou, ficando de frente para mim, e, olhando em meus olhos, perguntou:

— E você, moleque Inácio, até agora não disse uma palavra sequer. Soube que curou a mão da senhora. Diga-me, como foi que você, ainda tão jovem, conseguiu tamanha bênção?

— Em primeiro lugar, meu senhor, só falo quando me perguntam. Quanto à cura da mão da senhora, peço licença ao Vô para poder falar sobre isso, ou, se ele achar melhor, ele mesmo pode falar.

Senti hostilidade na resposta que dei ao médico. Não era comum eu falar assim com alguém. Naquele momento, me senti estranho, muito embora a minha resposta tivesse sido totalmente espontânea e verdadeira. Vô Firmino, infinitamente sábio, percebendo mais aguçadamente a estranheza da situação, tomou a frente, ao que intimamente muito agradeci. Ele então explicou ao médico o inexplicável, mas mesmo assim o doutor aceitou e ouviu o Vô com respeito e até admiração. O restante do grupo ouvia sem muita atenção a conversa dos dois, dando a impressão de que queriam que a conversa terminasse logo. Penso que o doutor, percebendo a indisposição dos outros, assim falou:

— Vô, gostaria de poder voltar outra hora para que pudéssemos conversar mais, trocar idéias e conhecimentos, pode ser?

— Por mim, o senhor será sempre bem-vindo, só tem que pedir permissão ao meu senhor.

E olhando para o senhor da fazenda, o médico já sabia que a resposta seria positiva, mesmo porque ter um doutor por perto era sempre de bom tom. Rapidamente nosso senhor respondeu afirmativamente, e ainda ofereceu hospedagem e tudo o mais de que o doutor precisasse dele, da fazenda e de nós dois.

Dentro de mim senti um incômodo muito forte. Aquele homem era estranho: um doutor que chamava por espíritos e, ainda por cima, se interessava em conversar com escravos. Tudo estava muito confuso em meu pequeno entendimento. Não via a hora de ficar a sós com o Vô para poder, enfim, falar com ele sobre tudo o que se passara na noite anterior.

O grupo se foi. Ficamos eu e o Vô, por alguns breves instantes, calados e pensativos até que do nada soltei uma enorme gargalhada que estava presa, atolada na minha garganta, não só pelo engraçadíssimo banho do Vô, mas também pelo barulho da jarra de água que caiu da minha mão, pondo o maior medo naquele grupo esquisito.

— Do que é que você está rindo tanto, moleque?

— Ah! Vô, espera, agora tenho de rir, não consigo parar. Deixa o riso passar que depois falo tudo para o senhor, eu juro. Rolei pelo chão de tanto rir. Descontei todo o silêncio a que fora obrigado antes, e ri a valer, até perder as forças, até as lágrimas. O Vô só olhava e ria também, mesmo sem nada saber. Passado o meu acesso de riso, enfim contei toda a minha aventura. Pensativo, ele levou alguns minutos até tornar a falar:

— Quer dizer que o tal doutor Fernandes é espírita e nossos patrões estão se metendo com isso também?

— O que é ser espírita, Vô?

— É uma nova religião dos brancos. Vem de um país muito distante chamado França, mas, mesmo por lá, não é muito bem-vista, porque a Igreja não aceita de jeito nenhum essas idéias.

— Como é que o senhor sabe de todas essas coisas?

— Já andei e ainda ando muito por aí, filho. Nesta vida, de tudo um pouco já vi e aprendi.

— É muito bom aprender com o senhor, Vô. O senhor sim é que sabe das coisas. Como é que esse povo branco fala com os espíritos?

Vô Firmino me contou sobre uma experiência pessoal que tivera com pessoas espíritas na cidade. Disse que tudo o que praticavam era escondido, pois a Igreja e a maioria da população não aceitava a nova religião, que na verdade é uma doutrina. Disse ainda que só tinha sido chamado por aquelas pessoas por ser o melhor curandeiro da redondeza, e, assim sendo, compreenderia com facilidade a nova fé daquela gente. Além do mais, eles nada tinham que temer de um escravo que jamais teria crédito, se revelasse a prática espiritual do grupo. Eles o chamaram, na verdade, para contar com seu auxílio num grave caso que vinha acontecendo na família.

Unido àquele grupo, por meio da fé, que é universal e sem fronteiras, Vô Firmino foi componente de enorme valia, pois sua energia era tanta que, logo após alguns trabalhos, o tal caso teve solução satisfatória e definitiva. Com meus botões, eu pensava que, se não fosse o Vô, o caso não teria tão fácil solução. Mas nem de longe aquele velho atribuía a si tal cura e a solução alcançada. Falava com humildade que o grupo havia alcançado êxito, dando sempre graças a Deus, ao Cristo, aos orixás, colocando-se como mero obreiro, tão necessitado quanto qualquer um na face da Terra. A humildade de Vô Firmino não tinha limites, e, sendo verdadeira e sincera, fazia com que qualquer um sentisse vergonha de si mesmo diante dele.

Deus era tão bom para mim que colocou aquela alma iluminada e abençoada no meu caminho para que com ela eu aprendesse virtudes no dia-a-dia. Eu agradecia sinceramente. Nem todo o ouro do mundo valia tanto quanto dispor da companhia daquele tesouro chamado Vô Firmino. Trabalhar ao lado dele não me dava cansaço, e naquele dia trabalhamos duro. O jardim da casa-grande estava lindo. As coisas que Vô Firmino organizava era de um esmero notável. Olhando de longe para o jardim em flor, tínhamos a impressão de que aquele pedaço de chão era um paraíso na Terra. Pássaros de variadas espécies voavam felizes por lá, ajudando a compor a belíssima visão do local, que resolvi apelidar de Éden. Vô Firmino zombava de mim, dizendo que o jardim do Éden talvez não fosse tão belo assim. Eu me desculpava pela minha ignorância, mas continuava a chamá-lo dessa forma, pois gostava do nome e pronto! O Vô ria e ria. Na verdade, ele se divertia com a minha criancice que em nada lembrava a dele, tão dura.

O final daquele dia reservava para mim uma grata surpresa.

— Venha, Inácio, existe um lugar que quero que conheça! — disse o Vô, muito sério, mas como sempre sereno.

— Aonde vamos?

— Simplesmente me siga. Confiar em mim eu sei que você confia. Então venha, e não seja assim tão curioso! Sei que você vai gostar de conhecer o lugar.

Segui o Vô em silêncio, porém louco de curiosidade e estranhando muito, pois ele nunca havia comentado comigo sobre lugar algum que fosse, aparentemente secreto. Caminhamos por alguns minutos em meio à mata que circundava a fazenda e, quando comecei a querer sentir medo, chegamos a um lugar tão belo que me fez perder o fôlego. A noite já ia caindo e pensei o quanto seria lindo aquele local iluminado pela luz do Sol.

— Vô, que espetáculo! A quem pertence toda esta formosura de lugar?

— Estas terras pertencem ao nosso senhor. Cuido deste recanto secretamente, há muito tempo.

O recanto do Vô Firmino era uma gruta no meio da mata alta e exuberante, cercada por sete pequenas quedas d'água. O interior dela cintilava, porque era toda cravada de pedras ametista. Em frente, um lago muito limpo se formava e abrigava muitos peixes e pedras brilhantes. O lugar era literalmente uma jóia, pois todas aquelas pedras deviam valer uma pequena fortuna. Vô Firmino havia plantado ali, dos lados da gruta, muitos pés de cravo branco que, pelo tamanho e perfume, pareciam não pertencer a este mundo. Aquele ambiente era mais belo do que qualquer outro jardim que eu já tinha visto até então.

No interior da gruta, bem no centro, pude observar uma espécie de altar, construído singelamente pelo Vô, onde continha uma cruz bem talhada de madeira clara, belíssima, um castiçal de sete velas, uma imagem da Virgem Maria, de São Jorge, e muitas flores multicoloridas. Parado ali, diante da força daquele ponto de fé na natureza, ajoelhei, rezei, chorei, invadido por forte corrente emotiva. Vô Firmino me observava e, comovido, também foi às lágrimas. Ajoelhou-se ao meu lado e, segurando firme em minha mão, recitou uma reza linda, e em sua linguagem simples disse tudo.

Não fosse a noite que se aproximava, teríamos ficado ali, desfrutando de toda aquela beleza e energia, por horas, as quais certamente pareceriam segundos. No caminho de volta, seguimos em silêncio. Era como se as palavras fossem absolutamente desnecessárias naquele momento.

13
Um tempo bom

Minha vida seguia tranqüila. Apesar da escravidão que maltratava muito o meu povo, eu e minha família podíamos nos considerar privilegiados, pois vivíamos dignamente naquela fazenda.

Não sei se por influência daquele doutor espírita, mas nosso senhor se modificou, e começou a tratar melhor os escravos que o serviam. Na fazenda, todos passaram a viver melhor com a mudança de tratos ordenada por aquele senhor que, segundo contavam os mais velhos, tinha sido muito ruim quando jovem. As histórias contadas pelos velhos eram terríveis, cruéis, mas agora tudo estava melhor e eles buscavam esquecer o passado doloroso, usufruindo do bem que chegava.

Quando eu ouvia as histórias, uma ponta de revolta e indignação queimava o meu peito, mas, sempre presente, Vô Firmino me fazia compreender que os maus sentimentos apenas nos remetiam a lugares ruins no Espaço, e que a revolta não modificaria em nada o que já havia sido feito; só o amor, o trabalho, a dedicação, a alegria e a prece fariam com que as feridas da alma se curassem de vez.

Nós, os escravos daquela fazenda, já vivíamos bem e com dignidade, quando um dia chegou uma surpresa maior: a autorização, dada pelo nosso "sinhô", para realizarmos livremente nossos rituais religiosos aos domingos. Vocês não imaginam o tamanho da felicidade que nos invadiu. Foi uma verdadeira explosão de gritos de alegria, pulos, abraços, lágrimas e agradecimentos aos nossos deuses e aos dos brancos. Preces foram recitadas com a profundidade de almas sinceras, e foram as mais belas que eu já tinha ouvido, sentido e assimilado em minha breve vida. Os resultados positivos daquela manifestação contagiante se refletiram nos trabalhos executados, que passaram a ter maior qualidade em razão à alta vibração na qual todos se encontravam, comungando, unidos pela fé, de um momento único e especial em nossas vidas.

Depois que começamos nossos rituais, iluminados pela força da alegria, da paz, da harmonia e da união, a fazenda começou a prosperar assustadoramente. Os outros senhores de escravos, os fazendeiros, passaram a se melindrar com o grande sucesso de nosso senhor, que nos mandou dizer que daquele momento em diante deveria ser chamado de patrão. Em curto espaço de tempo, ele passou da condição de rico à de milionário. Acreditávamos que todo aquele bem era fruto de sua generosidade para conosco e para com a nossa religião. Vô Firmino não se cabia de tanta felicidade: passou dias e dias enxugando lágrimas de emoção. Eu e ele começamos a trabalhar em dobro de tanta motivação; cantando velhas canções trazidas da distante Mãe África.

Foi um tempo comovente, um tempo em que desfrutei de paz, de força de aprendizado contínuo e muito trabalho. Quanto à lida com as ervas, eu já estava apto a trabalhar no mesmo grau do próprio Vô; ele mesmo me habilitou. Aprendi muito; já sabia quase todas as "simpatias" que ele conhecia. Curamos, graças a Deus e aos nossos divinos orixás, muita gente que já estava desenganada pela medicina convencional da época. Éramos chamados por muitas pessoas da cidade. Até os brancos passaram a nos respeitar, mesmo porque éramos escravos da mais bem-sucedida fazenda do Brasil, e ninguém se interessava em criar caso com o nosso patrão, que era muito poderoso.

Como na vida nem tudo são flores, há momentos em que passamos por períodos de calmaria, justamente para que adquiramos força para o que nos virá mais adiante. Sei que no meu caso era bem assim que as coisas estavam acontecendo. Meu período de paz trouxe consigo o aprendizado de que eu iria necessitar para pagar meus débitos, como espírito endividado, e colaborar, com esforço e dedicação, com a obra do Pai, unido aos Seus mensageiros.

14
A origem de Vô Firmino

Vô Firmino nasceu livre, na África, e foi trazido para o Brasil ainda menino. De seus pais não se sabia dizer o que fora feito, pois foi capturado enquanto brincava na beira de um rio com outros meninos de sua idade. Todos foram violentamente pegos por homens brancos desconhecidos que, imediatamente após a captura, os jogaram no porão de um grande navio. Lá, havia muita gente em agonia. Aos olhos de um menino inocente, a embarcação era realmente bela, fantástica até, mas a realidade que ela trazia àquele povo era das mais cruéis.

Conta nosso amado Vô que não se desesperou naquele momento, mas colocou em prática, desde aquele derradeiro instante, a sua fé, e ela o sustentou firme e forte. E complementa, sorrindo: "E sustenta até hoje". Mesmo vitimado pela violência, pelo medo, pela falta de compreensão do que realmente estava acontecendo ali, Vô Firmino fez a única coisa que sabia e que podia: voltou seu pensamento aos deuses e aos espíritos ancestrais, pedindo forças e proteção. Obviamente pensou em sua família, principalmente em sua mãe, e, foi apenas nessa hora que fraquejou e chorou, pois sentiu que nunca mais iria ver a mulher que mais amava na vida e que tanto o protegia. Conta ele que, se alguma coisa doeu nele, naquela hora, foi este pensamento: o de nunca mais poder abraçar ou ver a mãe, a pessoa mais amada de seu nobre coração. Digo nobre, porque a nobreza de Vô Firmino era tão grande que não cabe ser expressa. Certamente, já deu para perceber que se trata de alma elevada em missão pela Terra, não é mesmo?

A viagem foi longa e triste. Muitas coisas ruins aconteceram durante o trajeto, mas essa já é uma história conhecida por todos. Como disse antes, por vezes nem tudo na vida são flores, e o inverso acontece também. No meio de toda aquela tragédia, no porão daquele navio, Vô Firmino encontrou outra alma tão boa e caridosa quanto a dele: a de uma mulher que o acolheu como filho. Seu nome verdadeiro o Vô não consegue lembrar, mas diz que, durante a viagem, ela passou a se chamar Mãe Joana e que, além dos muitos filhos naturais que tinha, ainda adotava tantos quantos pudesse acalentar com seu amor.

Mãe Joana foi quem protegeu Vô Firmino e todas as outras crianças que ali estavam, assustadas, famintas, desoladas. Ela contava histórias, sorria muito e fazia brincadeiras, fato que aliviava muito as dores, fazendo com que todos esquecessem, ainda que por breves instantes, sua real condição. O fato de sempre estar rodeada pelas crianças fez com que aqueles rudes homens passassem a respeitá-la, mesmo porque as crianças que ali estavam iriam tornar-se escravos valorosos no futuro, ou seja, eram mercadorias frescas e rentáveis. Acho que foi esse pensamento que, de alguma forma, poupou as crianças e Mãe Joana das atrocidades que muitas vezes Vô Firmino presenciou naquele porão de navio. Parecia que sobre eles pairava um escudo protetor que não permitia que se cometesse com eles o que acontecia com os outros, principalmente com as jovens mulheres.

Mãe Joana acabou por ser designada por aqueles homens a cuidar das crianças até que o destino do navio fosse alcançado; depois, bem depois, veriam o que iriam fazer. Ordenaram apenas que ela cuidasse de todos durante a viagem e passaram a destinar alimentos melhores para eles. Vô Firmino conta que essa passagem, a da alimentação mais farta e melhor, deu-se por conta da proximidade que se anunciava de seus destinos em solo brasileiro. Eles, os tais traficantes de escravos, esperavam ganhar muito dinheiro com a carga que levavam e, se apresentassem as crianças em boas condições, maior seria o valor que conseguiriam receber.

Todos se afeiçoaram muito a Mãe Joana. Ali, naquele navio, ela fora mãe de todos. Em seus pensamentos de menino, Vô Firmino acreditou ter ganho mais uma mãe na vida. Pensou que Mãe Joana terminaria de criá-lo e que ele passaria junto dela o resto dos dias que ela ainda teria de vida. Em seus sonhos de criança, Vô Firmino acalentava essa esperança e pedia, em suas singelas preces, que assim fosse, porém mal sabia o pobre menino o que iria acontecer.

A grande e majestosa embarcação, chegou enfim ao seu destino. "Do porão onde estávamos, pudemos ouvir aplausos e gritos que pareciam ser de boas-vindas, mas nosso coração apreensivo acelerou", conta o Vô com tristeza na fala e nos olhos. Os homens desceram ao porão empurrando a todos para fora. A luz do Sol, que brilhava forte naquele dia, quase cegou a todos. Por causa disso, muitos tropeçaram e se machucaram seriamente, mas a preocupação dos mercadores de vidas era só quanto ao prejuízo, se a mercadoria chegasse ao mercado "estragada", e, por conta disso, trataram logo das feridas dos escravos, colocando-os em fila, acorrentados pelos pés e braços.

Vô Firmino, que jamais tinha visto tamanha agressão, ficou boquiaberto e só conseguia pensar, sem entender por que aquilo tudo acontecia. Em sua tenra idade, era a primeira vez que via uma corrente. Resignado, buscava o olhar acolhedor de Mãe Joana, que derramava grossas lágrimas, já pressentindo o que iria acontecer a todos, principalmente às suas amadas crianças.

Conta o Vô que, ao vê-la chorar, sentiu todo o seu peito se apertar e, em seu coraçãozinho de criança, jurou em pensamento que a protegeria. E seguiu a infeliz caravana rumo ao mercado de escravos, onde seus destinos, dali em diante, seriam traçados à revelia de suas vontades. Vô Firmino não perdia de vista Mãe Joana. Rogava em suas preces de pequenino por todos, principalmente por ela.

Tal como banal mercadoria, foram expostos aos olhos capitalistas dos senhores de engenho. Tiveram de escancarar as bocas, a fim de que seus dentes fossem inspecionados. Eu, Inácio, neste momento do relato do Vô, pensei nos cavalos, tão bem-tratados lá na fazenda, e concluí que o ser humano parecia valer muito menos. À medida que a inspeção passava, Vô Firmino mais rogava proteção à boa mãe adotiva. Quando chegou a vez dela, o coração do Vô quase saiu pela boca, mas ele precisava ficar quietinho e confiar nas rezas que tão bem conhecia. E foi então que, na vez de Mãe Joana, do nada, uma forte tempestade se abateu sobre a tal cidade do tal país que o Vô não tinha a mínima idéia de onde seria.

A chuva veio forte e no céu relâmpagos cortavam a paisagem. O barulho dos trovões quase ensurdecia. Diante da surpresa, todos correram para se proteger. Só eles, os recém-chegados escravos, ficaram ao tempo, o qual lavou seus corpos e, de alguma forma, suas almas sofridas. Passados alguns minutos de alívio por sentir a água correr no corpo, veio o frio que o vento ajudava a sentir. Todos tremiam. Vô Firmino chorava, mas agradecia por ter adiado de alguma forma o destino de sua mãe do coração, que não resistiu à tempestade e ao frio e morreu ali, acorrentada, gelada e humilhada.

Acertadamente, pensava o Vô: "Pelo menos ela não caiu na mão desses malvados. Está agora muito além, na morada de nossos ancestrais, onde os deuses bondosos a receberão com festa, como ela merece". Assim, teve a certeza de ter lutado pelo bem daquela que foi sua mãe do coração. Então, olhou para o céu, que ainda se apresentava cinza, e agradeceu aos senhores das tempestades pela graça alcançada.

Daquele momento em diante, Vô Firmino continuou rezando e pedindo pelos mais fracos e pelos doentes. Quanto ao seu destino, confiante que estava, entregou nas mãos protetoras da espiritualidade, que, por sua vez, jamais o desamparou. Mesmo nas horas mais amargas e difíceis, eles ali estavam, se fazendo presentes por intermédio de sua providencial intercessão. Vô Firmino trazia nas costas as marcas da crueldade dos homens, que não é "privilégio" apenas dos brancos, mas de todo aquele que vibra, por opção ou ignorância, no mal.

Algumas vezes em que ele se revoltou, imediatamente recebeu o amparo do Alto, que sempre lhe alertava que mais valia padecer na carne do que no céu. Mãe Joana passou a ser sua mentora espiritual, vindo ao seu encontro para auxiliar um de seus filhos queridos que tinha a tal da mediunidade aflorada, ou melhor, a ponte que liga os seres dos dois lados da vida. Assim, ela ensinou muitas coisas a ele, mas a principal foi a arte de amar sem restrições, e servir sempre em nome daqueles que nos auxiliam a todo momento, a cada dia que amanhece e anoitece. Foi observando Mãe Joana que Vô Firmino se compadeceu e se interessou pelas crianças, reservando a elas boa parte de seus cuidados e atenção.

Voltando ainda à ocasião do desembarque da infeliz "carga"

vinda da África, da qual Vô Firmino e Mãe Joana faziam parte, devo enfatizar o primeiro contato do Vô com um índio nativo das terras brasileiras. Antes da tempestade que levou Mãe Joana para outras paragens, enquanto ainda estava na absurda fila Vô Firmino pôde observar, num canto, a figura de um homem que para ele não era de todo estranho, pois, a exemplo de seu povo, trazia o peito nu mas exibia um belo colar na cabeça. A pele do tal homem era quase negra, tão forte era sua cor dourada; o olhar era penetrante, altivo, mas não intimidava. Apesar da profundidade, aquele olhar demosntrava uma serenidade de quem sabe o que faz. Imóvel ali, em seu canto, ele apenas observava, sem nada falar. Trazia, em uma das mãos, uma enorme lança que, assim como ele, imóvel permanecia, mas que servia de alerta àquele que se atrevesse a desafiar. Como trouxesse bem viva na memória a imagem daquele homem, Vô Firmino resolveu então perguntar à mãe espiritual de quem se tratava, ao que, em sua sabedoria, ela apenas respondeu:

— Com ele muito terá a aprender. Ouça o que ele diz sem palavras, pois as que usa na Terra lhe soarão muito estranhas e não as haverá de compreender. Ouça apenas a vibração que ele emana; ouça-o através do seu pensamento; ouça-o pelo olhar e pelo que ele lhe fará sentir, e verá que, em breve, o compreenderá mesmo sem palavras. Confie nele!

Nessa ocasião, Vô Firmino estava sob o domínio de seu segundo senhor, que era cruel, devasso, inconseqüente e esbanjador. Passava as noites com mulheres de vida fácil na cidade, e pela manhã voltava mal-humorado, não dando ouvidos a ninguém, querendo apenas o descanso de sua confortável cama, e delegando aos capatazes o andamento de sua propriedade, que incluía os escravos, os quais sofriam as mais duras e injustas penas, sob o jugo atroz de feras em vestes de homens.

Vô Firmino ainda era uma criança, mas sentiu a necessidade de se proteger das mãos cruéis daqueles homens que não tinham nenhuma piedade. Logo percebeu que a obediência às ordens, sem questionamentos, o livrava do sofrimento. Então obedecia, trabalhava, rezava e agradecia por sempre ter por perto sua protetora e guia: Mãe Joana.

Foi ela, em espírito, quem ensinou Vô Firmino a lidar com as ervas que curam. Criança ainda, benzia e aplicava ervas, curando todos os seus companheiros de padecimento que adoeciam nas senzalas desumanas. Em breve tempo, passou a ser respeitado até pelos mais velhos, os quais tinham certeza de que Vô Firmino havia sido enviado pelos orixás para protegê-los de todo aquele sofrimento.

O menino Firmino era incansável, e vivia sorrindo e zombando de sua própria dor, mais profunda que uma simples ferida na carne. Além dos ensinamentos que Mãe Joana lhe transmitia, a amizade que começava entre ele e o índio que tinha visto no dia fatídico de seu desembarque no Brasil se fortalecia a cada dia. Eles se comunicavam por gestos e pelo olhar. O índio o acompanhava na mata e o auxiliava a colher as ervas, sempre alertando-o dos perigos que se escondiam por ali e, por muitas vezes, livrando-o de um ataque iminente de uma cobra venenosa ou de uma onça faminta.

Vô Firmino conta que não tinha a mínima idéia de onde aquele homem, tão belo e forte, vivia, até que um dia resolveu perguntar sobre ele a um dos velhos, que lhe respondeu explicando tratar-se de um nativo daquelas terras que não se misturava com os brancos da fazenda, mas cujos habitantes eram conhecidos e auxiliares em outras fazendas vizinhas. Disse ainda que não se deixavam escravizar e faziam apenas o que bem entendiam. Assim como eles, na África, viviam em comunidade e não se misturavam: adoravam a natureza e viviam em perfeita harmonia, respeitando-se e amando-se a seu modo. Eram exímios curandeiros e profundos conhecedores das matas e da cura que delas se podia extrair; da natureza, só retiravam o necessário para sobrevivência, protegendo e amparando os animais doentes, como se fossem parte de suas próprias famílias. Eram guerreiros quando ameaçados. Suas lanças eram perigosas, pois existia um forte veneno nas pontas, fazendo sucumbir em pouco tempo quem por elas fosse atingido. Mas eram essencialmente de paz, só atacando quando encurralados. Em suas aldeias, dançavam em homenagem aos seus deuses, que eram as forças naturais, num ritual semelhante aos praticados na África. Segundo o velho, aquele homem que estava se tornando amigo do menino Firmino era muito sábio, e ele tinha de agradecer aos orixás por essa nova amizade, ao invés de questioná-la.

Depois de toda essa explicação, Vô Firmino passou a admirar mais o novo amigo e procurou, de todas as formas, com ele se entender.

15
Juntos: o preto e o índio

Como havia dito a sábia Mãe Joana, eles não precisaram de palavras para se entender: juntos, quer na aldeia, quer na senzala, curaram e fortaleceram muita gente; juntos, o negro e o índio, naquele momento, foram doutores, parteiros, amparadores espirituais e conselheiros.

Apesar da catequese que tinha convertido muitos índios ao cristianismo, nosso amigo não aceitara ser convertido até então. Conta o Vô que, algumas vezes, observara o amigo mirando com pesar uma imagem do Cristo crucificado, e, diante da tristeza no olhar daquele homem tão forte e destemido, resolveu tentar explicar por que o branco adorava um homem crucificado, que, por vezes, aparecia também em outras imagens, como se fosse um anjo de coração sangrando. Na verdade, o próprio menino Firmino não entendia isso, mas foi em busca de esclarecimento, e assim, numa tacada só, acalmaria as dúvidas suas e as do seu amigo índio.

Ao tomar conhecimento da história de Jesus, algo mudou no coração de nosso amado Vô, definitivamente. Ele passou a procurar mais vezes pelo padre, que o esclarecia. Escondido, começou a freqüentar as missas só para ouvir mais sobre aquele homem divino, o qual, em pouco tempo, passou a amar sinceramente. À sua maneira, e por meio de gestos, fez conhecer também ao amigo quem fora Jesus. Levou algum tempo, mas o índio aos poucos compreendeu, e no silêncio entre ele e o Vô passou a crer e a amar Jesus.

Conta o Vô que era muito engraçado ensinar alguma coisa ao amigo. Muitas vezes, ele tinha de desenhar no chão símbolos que o índio reconhecia como uma forma de escrita. Então, ele só sabia se o amigo havia realmente compreendido quando este sorria e, por sua vez, desenhava o correspondente de seu entendimento. Foi a mais bela amizade do Vô, a mais sincera.

Com o passar do tempo, a união desses dois, iluminados pela fé no Cristo, realizou milagres em termos de cura e de auxílio ao próximo, pois ambos assimilaram a essência dos ensinamentos das Escrituras e procuraram viver de acordo com o que o Cristo pregava. Assim foram felizes por longo tempo, malgrado a chibata e a perseguição.

Durante a convivência com o índio, conta o Vô que uma das diversões preferidas de ambos era aprender palavras da língua que cada um falava. Eles riam muito das que soavam estranhas aos ouvidos, mas que significavam a mesma coisa. Por vezes, tinham crise de riso por conta disso. Nessa troca de aprendizado divertido, os dois aprenderam muito um com o outro. Foi então que o Vô batizou o amigo com o nome de "Abaré Aram," que significa Amigo Sol. Ele resolveu chamá-lo assim por conta de sua amizade e da cor da pele dourada que o amigo tinha. O índio, por sua vez, batizou-o com o nome de "Baba Una", usando uma palavra africana e outra indígena para formar esse nome, que significa Pai Preto.

O Vô riu muito, mesmo porque se considerava muito jovem para ser pai, mas o bom e sábio índio disse a ele que todo aquele que salva ou ajuda a salvar uma vida automaticamente se torna pai, no mundo espiritual. Talvez seja essa a razão pela qual chamamos, os caboclos e pretos velhos de pais.

Abaré Aram e Baba Una juntos salvaram e ajudaram a salvar muitas vidas. O Vô me disse que, depois que eu apareci em sua vida, pensava que sua história estava se repetindo, porém com papéis inversos. Ele era menino e o amigo índio o ensinara. Agora ele era velho e ensinava a mim o que sabia e o que tinha aprendido com o índio.

Abaré Aram e Baba Una trocaram experiências cerimoniais na aldeia e no terreiro. Para eles, não existia diferença, pois o respeito e a amizade que nutriam um pelo outro iam muito além dessas fronteiras e dessas formas de culto.

16
Adeus ao Amigo Sol

Com muita dificuldade e pesar, o Vô me contou sobre a morte de seu grande amigo, que se deu em seus braços sem que ele nada pudesse fazer. Assim como Mãe Joana, Abaré Aram se transformara em seu guia espiritual para todas as horas. Naquela época, índios não sobreviviam às doenças dos brancos; sua imunidade não conseguia combater bactérias tão estranhas. Assim, por mais que o Vô tenha feito e rogado, a doença venceu a matéria frágil, levando para o mundo dos espíritos seu único e leal amigo.

Conta o Vô que a dor que sentiu ao perder fisicamente aquele irmão não se comparava à dor das outras perdas, pois, com ele, foi feliz e viveu em comunhão muito mais tempo do que tinha vivido com qualquer outra pessoa em sua vida, até aquele momento. Foi então que ele me contou que a bela gruta escondida na mata era uma homenagem a Abaré Aram.

Todo dia, ao amanhecer, Vô Firmino o via junto ao despontar do Sol que a todos e a tudo ilumina. No interior da gruta, em local seguro e apropriado, o Vô guardava, com amor e fidelidade, os apetrechos que ele usava em vida — a lança, os colares, os chocalhos, os cocares —, e, em seu próprio coração, a bondade, a alegria e a boa vontade em ajudar a salvar todo aquele que se apresentasse necessitado, doente, mal-amado. Depois de conhecer essa história, passei a achar aquela gruta ainda mais bela.

Diante de tudo que me contara o Vô, me senti pequenino, mero aprendiz, e, humildemente, me coloquei no meu lugar, reconhecendo que muito pouco da vida e da lida do Vô eu sabia ou entendia. Apesar da escravidão, refleti sobre a minha vida e descobri que mais tinha a agradecer do que a me queixar. Outros negros como eu não tinham a mesma sorte e padeciam dores, amargavam horrores. Às vezes, eu sentia vontade de largar o trabalho espiritual, sentia vontade de descansar, de arranjar uma companheira e viver a vida junto dela, criando filhos, cuidando da plantação, ou seja, eu sentia vontade de ter uma vida normal, como todo mundo, mas no fundo sabia que não era possível. Ao mesmo tempo, bastava que alguém adoecesse e lá estava eu; bastava que alguém me contasse um problema, para que, de joelhos, eu me colocasse, rogando pela pessoa. Com o passar do tempo, entendi enfim que nunca poderia ter uma vida normal, pois a minha vida não era minha; pertencia a um plano maior, ao qual me rendi e me dediquei sem mais murmurar, mesmo porque eu amava aquele trabalho, eu amava as ervas, amava praticar a cura. A minha alegria era ver sadias todas as pessoas que adoeciam e que eu atendia; a minha alegria era ver sorrisos e lágrimas de pura emoção. Isso sim fazia bem à minha alma, me dava forças e a certeza de que eu devia continuar.

17
O doutor espírita

O tal doutor espírita vinha algumas vezes à fazenda para conversar com o Vô, que o recebia, assim como a todos, de bom grado. Muitas vezes me sentei ao lado dos dois para ouvir e aprender um pouco mais sobre sua religião. Com o tempo, passei a me interessar sobre o que era dito. Ele procurava ser simples conosco: falava de maneira clara, dispensando o palavreado corriqueiro dos abastados e educados senhores. Passei a meditar sobre seus ensinamentos e encontrei sentido neles. Pena que a religião que ele pregava era, segundo minha compreensão, só para quem sabia ler; portanto nos era inacessível. Cheguei a comentar isso com o doutor, numa das raras vezes em que me pronunciei durante a conversa dos dois. Ele ficou sem jeito, mas disse que para pessoas simples, como éramos eu e Vô Firmino, é que reuniões fechadas existiam, nas quais aqueles que sabiam ensinavam e esclareciam os outros, assim como ele estava fazendo conosco, naquele momento.

Senti que a fé do doutor era tão perseguida quanto a nossa, pois não se podia falar abertamente sobre o assunto. Senti pena, de alguma forma. Nós, os africanos, estávamos conquistando nossa liberdade de expressão, e todos sabiam que nossa crença era diferente; já com os espíritas não, eles fingiam ser católicos, freqüentavam a igreja para manter as aparências e não podiam expressar a nova fé que invadia seus corações e que eu, pessoalmente, aos poucos, passei a admirar e a respeitar, pois fazia realmente muito sentido tudo o que o doutor nos ensinava.

Senti pena dele e daqueles que compartilhavam de sua fé, mas ao mesmo tempo fiquei pensando se não seria uma espécie de castigo para eles, que tanto mal falavam de nossa religião vinda da África. Se eles enfrentavam preconceitos, imaginem nós que, além de negros e escravos, tínhamos um culto todo particular, cuja forma de amar o mesmo Deus era diferente da deles. É... a cada dia que passava, mais eu admirava a maneira como Deus colocava os homens à prova: sem distinção de cor, raça ou credo, todos estavam submetidos às Suas leis.

Eu e Vô Firmino aprendemos muito com o doutor; entendemos melhor a vida com as explicações reencarnacionistas. Era como se houvessem baixado uma venda dos nossos olhos, fazendo com que pudéssemos enxergar melhor a nossa condição de espíritos temporariamente na carne e no planeta. Passamos então a aplicar esses conhecimentos às nossas práticas africanas e indígenas, sem é claro nada comentar com ninguém sobre o que o doutor nos ensinava. Tudo fazia muito sentido, mesmo dentro de nossa religião, que cultuava os ancestrais crendo na imortalidade da alma; só que de outro jeito, com outro enfoque. Foi muito bom ter aprendido com o doutor e com o Vô, além do querido Abaré Aram. Mas, como é de meu costume dizer, nem tudo na vida são flores, pois os espinhos dessa minha jornada de Inácio começariam a aparecer, dolorosos, porém redentores.

18
Armadilhas da ambição

Quanto mais se tem, mais se quer, não é mesmo? O dinheiro corrompe a ponto de o desejo se transformar em ganância pelo poder, pela autoridade, e é nessa hora que a maioria dos ricos se perdem e distorcem a real importância de sua abastança. Deus dá a riqueza material, assim como a pobreza, como prova aos espíritos aprendizes. O segredo está em saber como lidar com ambas, sem perder a fé e a esperança em melhores dias, que o Pai certamente haverá de prover segundo cada necessidade. Infelizmente nosso patrão, que tanto bem nos fez, se perdeu nas armadilhas do poder, e além de sucumbir levou muitos consigo. O dinheiro e a fama passaram a não lhe bastar, e ele então começou a buscar o poder, envolvendo-se com a política. Ingênuo, desconhecia as artimanhas que seus bastidores escondiam, e gastou, gastou. Acreditou em promessas de poder e fama e gastou ainda mais, enchendo bolsos infames que arquitetavam contra ele dia e noite.

Previ tal situação: os orixás e os guias me mostraram tudo. Senti medo, mas como faria para alertar um homem cego pela ambição? Falei com Vô Firmino, que também vira o mesmo. Fizemos o que pudemos para evitar o trágico fim, mas a imprudência do patrão era maior do que as nossas rezas, e, além disso, tínhamos lá nossos espinhos a enfrentar. Passamos então a pedir pelas pessoas que iriam sofrer com o mal que haveria de recair sobre nosso patrão, uma vez que ele já estava perdido nas teias da corrupção e nas artimanhas que o mal engendra. Sabíamos, eu e o Vô, o que viria, mas nada podíamos fazer a não ser rezar, pedir por todos, para que dos males viesse o menor aos inocentes. Eu sabia que minha estrada não haveria de ser fácil e, de alguma forma, estava preparado, mas e os outros? Como seria para eles?

A dor e o desespero tomaram conta da próspera fazenda: os bens do patrão foram confiscados, sua família foi mandada de volta para Portugal, ele foi preso sob acusação de sonegação e tantas outras coisas mais que não vale a pena relembrar. A fazenda caiu em mãos vis, sedentas por dinheiro, fama e poder. Riam dele como se ri de um palhaço no picadeiro, que ganha a vida às custas da diversão dos outros. A escravidão voltou, torpe, cruel e insensível onde já reinava a harmonia. Calaram nossas vozes. A senzala voltou a ser um lugar fétido e sombrio, fazendo o ódio adormecido e quase esquecido voltar com mais força.

Por tentar intervir em nosso favor, nosso querido doutor foi morto diante dos nossos olhos incrédulos. Soubemos, depois de alguns dias, que nosso patrão havia sido executado na prisão. E de nós, o que haveria de ser? Voltamos à estaca zero, só que, uma vez conhecido o gosto da justiça e do digno viver, não se aceita mais com facilidade o jugo da impiedade. Assim, revoltados, os escravos organizaram uma fuga em massa rumo aos quilombos embrenhados nas matas.

Eu e o Vô ficamos. Alguns velhos e crianças com suas mães também ficaram. A jornada rumo aos quilombos era perigosa e mais incerta do que o destino que nos aguardava naquela fazenda. Os novos patrões eram cruéis. Trabalhamos o dobro, cada um, por conta da fuga dos outros. A família do nosso amigo doutor, passados os primeiros dias da dor pela sua morte, tentou resgatar da fazenda a mim e ao Vô, mas não obtiveram êxito. E o pior: percebendo o interesse de tão nobre família por nós, nos sobrecarregaram ainda mais de trabalho. Um dos patrões nutria por mim um ódio tão descabido, que eu só podia entender quando pensava no passado. Eu havia aprendido isso com o doutor, e, como não pudesse pedir perdão àquele homem, pois ele nada entenderia, eu pedia ao Pai que me perdoasse se em alguma vida passada eu havia prejudicado aquele rebelde filho de Deus, que mais fazia mal a si próprio, me odiando, do que a mim mesmo.

Em seu ódio cego, ele me perseguia: ao menor vacilo meu, ele mandava me açoitar e me deixar por dias a pão e água. Sentia verdadeiro prazer em me ver sofrer. O pobre do Vô uma vez tentou intervir e foi açoitado também. Essa violência doeu mais em mim do que a própria chibata na minha carne. Pedi ao Vô que nunca mais interferisse. Tentei dizer a ele, relembrando o amigo doutor, que se eu estava sofrendo daquela forma, provavelmente o havia feito sofrer em alguma vida passada. Pedi que ele se limitasse a orar por mim e pela minha cura espiritual, que, por sua vez, talvez devesse vir com o sofrimento que ensina, como dizia nosso amigo.

Muitas vezes pensei em Abaré Aram. Pedia silenciosamente que ele me ajudasse a ter forças para passar por tudo aquilo. Sentir sua presença amiga renovava meu ânimo e suavizava a minha dor. Eu agradecia então àquele amigo espiritual pelo conforto que me proporcionava e pela renovação íntima que eu sentia quando de mim ele se aproximava. Passei a ter menos contato com o Vô, pensando em sua segurança, pois o meu algoz bem podia se vingar de mim fazendo-o sofrer, e isso eu realmente não suportaria.

Não contente em me sobrecarregar de trabalho, o tal patrão resolveu me transformar em macho reprodutor. Ele queria novos escravos, sem gastar nem ao menos um tostão.

19
Amarga provação

Essa nova tarefa seria muito penosa para mim. Eu não tinha a mínima vontade de me deitar com ninguém. Sexo, em minha concepção, naquele momento, era ato sagrado que deveria acontecer comigo e com todos embasado no amor, na simpatia, na cumplicidade de dois seres que se encontram e sentem, um pelo outro, carinho e ternura. Jamais cogitei para mim sexo pelo prazer passageiro. Aliás, eu nem pensava nisso, tanto que até aquela altura da minha vida eu jamais havia tocado uma mulher com interesse sensual. Minha sexualidade estava adormecida e eu sabia por que, mas veio aquela criatura me arrancar de minha paz, me colocando de novo diante de meus mais perigosos deslizes do passado.

Meditei um pouco sobre as palavras do amigo doutor. Lembrei-me de que certa vez ele tinha dito que, ao longo de nossa vida, sempre haveríamos de nos deparar com os erros cometidos lá atrás, como uma espécie de prova que nosso espírito teria de passar para progredir e melhorar. Cara a cara com os desafios, teríamos de ser muito fortes, ter muita fé para que não caíssemos mais uma vez em velhos erros e equívocos. Ele dizia que buscássemos na oração a força de que necessitaríamos para seguir adiante, passando, com fé e confiança em Deus, pelos problemas que nossos espíritos enfrentariam.

Esses pensamentos me deram força. Fui falar com o Vô sobre o assunto, já mais calmo.

— Inácio, meu filho, sossegue — disse o Vô, serenamente.

— Sei que devo obedecer, Vô, mas entenda, para mim será uma tortura ter de cumprir essa ordem. Pelo amor de Deus, Vô, o que é que eu faço?
— Faça o que ele mandou. Não tem jeito. Entendo a sua aflição, mas não há o que possamos fazer agora.
— É, Vô, lembrei das palavras do doutor e sei que tenho de enfrentar com coragem e fé essa prova.
— Isso mesmo, Inácio! Mas não é só isso não, meu filho. Por trás dessa grande aflição, se oculta uma bênção de Deus. Pense nisso.
— Não entendo, Vô.
— Quero que você pense, Inácio. Silencie a mente, concentre-se no plano maior da vida e saberá por que estou dizendo isso. Vamos lá, filho, você é capaz! Faça o que lhe digo à noite, quando for repousar. Esqueça tudo e se concentre. Peça ajuda aos espíritos amigos, aos orixás divinos, e você vai saber, vai entender; uma nova luz se fará presente em seu caminho. Creia neste velho!

Fiz o que o Vô me ensinou naquela mesma noite, mas o resultado, pelo menos na minha parca visão, não foi bom. Tive pesadelos. Vi a mim mesmo como um homem cruel; vi situações de dor e desespero enquanto eu me mantinha indiferente. As cenas se passavam rapidamente, e em todas elas eu fazia sofrer muita gente. Acordei assustado, ofegante. Dei graças a Deus por ter despertado e percebido que tinha sonhado. Nada daquilo era real. Fiquei aliviado.

Pensei sobre o que o Vô havia dito e não consegui estabelecer conexão alguma. Fiz o que ele mandou, pensando que ia encontrar uma coisa e acabei encontrando outra, completamente diferente. Pensei ter errado em algo. Talvez eu não tivesse me concentrado direito, talvez a minha fé tivesse vacilado, sei lá! O meu pensamento fervia e eu precisava dormir para encarar mais um dia de luta que o romper do Sol traria.

Adormeci. Sonhei de novo. Dessa vez, me vi percorrendo uma estrada: árvores e flores enfeitavam a paisagem do lugar. Ao longe, um pássaro cantava. Seu canto embalava e encantava, misturado a outros cantos típicos de um bosque habitado por muitos pássaros e pequenos animais. Eu caminhava tranqüilo por aquela estrada. Num determinado ponto, percebi que ela, a estrada, era bastante longa e que, para percorrê-la toda, eu deveria enfrentar muitos obstáculos e perigos. O pássaro que cantava mais alto naquele bosque me guiaria e me ajudaria a vencer todos os percalços. Olhei para os meus pés, já cansados, pensando se eles iriam agüentar o longo caminhar, e ouvi o pássaro falar: "Se eles não agüentarem, eu o ajudo a voar".

Acordei e bendisse a vida. Dei graças ao Pai, aos orixás e aos bons amigos espirituais, renovado intimamente e confiante mais do que nunca nas bênçãos que se derramam a todo momento sobre o caminho de todos nós. Ao encontrar o Vô naquela manhã, palavras foram por mim dispensadas. Apenas nos olhamos e, sem articular qualquer palavra, nos comunicamos. Ele sorriu e foi cuidar da vida, assim como fiz eu.

Meu patrão, que já não era mais patrão e sim o meu dono, mandara me chamar. Fui seguro e em paz ouvir as ordens do dia. Ele me olhava com raiva e desprezo. Deu as ordens, as quais ouvi em silêncio, cabeça baixa, braços atrás das costas: era assim que ele exigia que nos apresentássemos. Naquela noite começaria a minha tarefa extra que, para muitos, seria uma festa, uma alegria, mas para mim um sacrifício, já que contrariava o meu modo de ser e de agir para com o sexo feminino, que eu tanto respeitava.

Parecia que o malvado sabia disso; parecia que sabia que me contrariava profundamente me pedindo tal tarefa; afinal, dispunha de um jovem negro de sua confiança e que morava na casa-grande executando trabalhos dos mais diversos. Esse jovem havia ocupado o lugar de meus pais que, graças a Deus, antes do declínio da fazenda, foram mandados para a cidade, por determinação de nosso então patrão, a fim de ajudar a família do falecido doutor. Louvado seja Deus, por meus pais terem conseguido ficar em segurança no seio daquela boa família, antes de tudo ruir. A princípio, nosso patrão os mandou para lá emprestados, mas, como Deus é grande, eles foram ficando, ficando e, quando o castelo caiu, eles não foram contabilizados como pertencentes ao nosso antigo patrão. Já não tiveram a mesma sorte meus irmãos, que acabaram fugindo para o quilombo e só Deus sabia o paradeiro deles.

Voltando ao jovem serviçal, bem... ele era muito mais forte e esbelto do que eu, mais bonito e parecia muito viril. Cortejava as mulheres de forma grosseira, daria um bom reprodutor, mas o homem queria a mim, o que fazer? Aquele dia passou rápido demais; talvez, pela minha ansiedade em não querer que a noite chegasse, o dia voou, escoou, e a noite enfim começava a cair para meu desespero. Ele havia escolhido, para começar, como dizia, duas das mais jovens mulheres da fazenda, e para aumentar ainda mais minha angústia eu só saberia quem eram elas na hora de executar o serviço. Ele havia reservado um quartinho nos fundos da casa para que eu efetuasse a tarefa de "maneira mais sossegada", dizia numa postura falsa de benfeitor. Na hora marcada, segui para cumprir as ordens de meu senhor. Eu tremia e pensava se daria conta do tal serviço. Pedi ao Alto toda a ajuda necessária e fui, pois não tinha como fugir. Ao chegar diante da porta do quartinho, quase desfaleci, pois soube então quem eram as primeiras vítimas daquele desalmado senhor: eram minhas sobrinhas que, por determinação de minhas cunhadas, tinham permanecido na fazenda com medo de seguir para o quilombo junto com meus irmãos, que prometeram voltar um dia para levá-las dali.

Pensei em Deus, roguei pelo Seu amparo e fiz a única coisa que podia naquela hora. Entrei no quartinho com a primeira, segurei em suas mãos e, baixinho, falei ao seu ouvido: "Sobrinha querida, não faremos nada aqui; ouça o que seu tio tem a dizer e, por favor, veja se pode me ajudar". Aconselhei minha sobrinha a se deitar com algum jovem de sua preferência o mais rápido possível, a fim de que nosso senhor de nada desconfiasse acerca do nosso trato. Muito tímida, assustada e envergonhada, mas sem outra alternativa para nos salvar daquela situação, ela aceitou minha proposta, dizendo que iria colaborar. Fiz o mesmo com a outra que, mais esperta e vivaz que a primeira, vibrou com a idéia, prometendo dar conta do recado em breve tempo. Percebi logo a esperteza desta e pedi que ajudasse a irmã a cumprir o trato bem rápido também. Ela sorriu, dizendo que eu não me preocupasse. Eu tinha de confiar nelas e pedir à espiritualidade que nos ajudasse, pois outra saída eu não tinha.

E assim seguia minha vida. De dia, trabalhava duro nos serviços mais pesados; à noite, já muito cansado, ainda tinha de dar conta da tarefa extra. Eu dormia muito pouco e passei a me alimentar mal, não porque quisesse, mas pelo tanto que nos era reservado como alimento. Dessa forma, obviamente, comecei a enfraquecer até adoecer. O senhor da fazenda não acreditou na minha doença, mesmo sob a afirmação categórica do Vô Firmino, o qual, de uma hora para a outra, aquele insensível homem passou a respeitar ao menos um pouco. Soube depois que o súbito respeito dele pelo Vô se devia a uma cura alcançada por um dos membros de sua família. Como não acreditasse na minha doença, ou não quisesse acreditar, mandou vir da cidade um doutor de sua confiança. O homem me examinou, cutucou, analisou a minha língua, os meus dentes, tudo enfim ele pesquisou em mim para dar seu diagnóstico que, é claro, seria satisfatório ao senhor. Eu não tinha forças para reagir a nada naquela situação, mas contava com o sempre presente pai e amigo Firmino, que a tudo acompanhava de perto. Eu sabia que ele me protegeria o quanto pudesse. Tratei de relaxar. O doutor deu o diagnóstico ao senhor, que torceu o nariz de pronto. Fiquei surpreso com a atitude do doutor, que eu tinha julgado mal. Ele disse ao senhor que eu estava sofrendo de esgotamento físico, em decorrência dos trabalhos forçados. Recomendou repouso por três dias, alimentação reforçada, e mais o que o Vô quisesse ministrar para que as forças me voltassem. Sorri aliviado e agradecido à Providência Divina.

    O senhor concordou com o doutor, ou melhor, foi obrigado a concordar. Depois de acompanhá-lo até a saída da fazenda, ele voltou e me disse que, se eu não me recuperasse em três dias, ele daria um bom jeito em mim. Olhou firme para o Vô e ordenou que se incumbisse de mim nesses três dias. Depois que saiu, lágrimas de alegria escorriam dos meus olhos e dos do Vô. Enfim, apesar das circunstâncias, teríamos um tempo para ficar juntos de novo. Graças a Deus! O que mais nos doía não eram os castigos, mas a impossibilidade de continuar nossos trabalhos espirituais e de cura. Então, conversamos longo tempo sobre o assunto e decidimos confiar no Alto, que tudo vê e tudo rege. Saber que, apesar de tudo, Abaré Aram e Mãe Joana estavam sempre conosco nos confortava e nos encorajava para a luta árdua da vida. Os ensinamentos do saudoso doutor também nos eram muito reconfortantes, pois sabíamos que éramos merecedores de tais dores. Portanto, deveríamos prosseguir confiantes, sem jamais permitir que a rebeldia nos acometesse.

Falei com o Vô sobre o desconforto que eu sentia ao me deitar com aquelas pobres mulheres, que nada mais eram que vítimas inocentes daquele tirano senhor. Sobre esse assunto, Vô Firmino puxou pela minha memória, dizendo:

— Lembra Inácio, quando você veio a mim, nervoso e agitado, contar sobre essa sua nova tarefa?

— Como poderia esquecer, Vô?

— Muito bem. Lembra qual foi a minha recomendação?

— É claro que sim, e fiz o que o senhor me pediu, só que no começo não deu muito certo.

— Como assim? Vamos conversar, já que temos chance. Há tempos quero lhe falar sobre isso. Depois daquele dia, não tivemos oportunidade, então vamos aproveitar esses dias e conversar sobre tudo o que pudermos, Inácio.

— Vamos sim, Vô. Quem sabe assim, em três dias, eu me recupere, o que acho difícil, pois sinto muitas dores.

— Já daremos um jeito nisso, você sabe.

— Vô, uma coisa é saber curar os outros, outra coisa é saber curar a si próprio. Acho que não levo muito jeito comigo mesmo.

— Nada disso, Inácio. O primeiro passo é não esmorecer.

— Vou tentar, afinal preciso me recuperar; do contrário, não sei o que vai ser de mim.

— Voltemos ao nosso assunto, não percamos o fio dessa meada.

— Vô, quando eu disse que no começo não deu muito certo foi porque o que aconteceu foi o contrário daquilo que eu esperava...

Então contei a história dos meus sonhos ao Vô, desde o desconcertante encontro comigo mesmo, no passado, até a estrada do bosque que abrigava um pássaro que falava. Confessei não ter entendido a relação dos sonhos com o fato de me tornar macho-reprodutor daquele cruel senhor que, sem respeito algum, me tratava pior que a um animal. Vô Firmino olhou nos meus olhos por longos minutos, depois perguntou se eu realmente não tinha entendido a mensagem. Respondi que não, já agitado e ansioso por desvendar aquele mistério. Ele então passou a mão direita sobre a minha cabeça, fixando a palma bem no meio da minha testa, e disse:

— Esqueça, filho, da sua matéria agora. Relaxe todo o seu corpo até não mais senti-lo. Respire profundamente, porém com suavidade; solte o ar aos poucos. Vamos fazer isso até que esteja todo relaxado. Depois, confie em mim; eu o conduzirei à compreensão dos fatos.

E assim, sob o comando fraterno do Vô, relaxei. Senti meu espírito deslizar para fora do meu corpo. Que leveza! Abaré Aram estava lá, naquela senzala cruel e fria; seu calor e sua luz irradiavam como se o próprio Sol ali estivesse a aquecer e a iluminar aquele recanto sombrio e doloroso, no qual meu corpo e Vô Firmino se encontravam. Ele estendeu a mão em minha direção e compreendi que eu deveria segui-lo. Segurei-a com delicadeza, mas a vibração era muito forte. Num piscar de olhos, estávamos em um lindo campo de gramado verde, onde as árvores eram muito altas e pássaros diversos cantavam uma bela melodia. Ao centro, havia um lago de águas cristalinas, profundas e azuis, bem clarinhas. Abaré Aram apontou na direção dele e percebi que queria que eu olhasse mais detidamente para as águas. Então, sentamo-nos às suas margens e, como num transe hipnótico, minha visão se prendeu às águas, que começaram a se movimentar formando inicialmente pequenas ondulações que foram aumentando mais e mais. Por fim, elas se separaram e ali, bem diante de mim, uma cena aconteceu: era uma visão diferente, e eu fazia parte dela, embora meu corpo fosse outro. Ali estava eu, de joelhos, chorando muito em outro momento das minhas tantas vidas. Abaré Aram então colocou suas mãos sobre os meus ouvidos, e passei a ouvir o que eu dizia em meio àquele lamento de dor e pranto:

— Como é que eu faço para pedir perdão a toda essa gente que humilhei, prejudiquei, subjuguei?

Isso foi o bastante para que eu compreendesse o que se passava. Fechei os olhos, emocionado. Um pranto baixinho saía de minha alma. Refeito da emoção, levantei-me, olhei para aquela extraordinária figura, que era Abaré Aram, e novamente ele me estendeu sua mão segura. De volta à insalubre senzala, tive vontade de não mais voltar àquele corpo dolorido e castigado, mas a Lei tem de ser cumprida até o fim, o que fazer? Lancei um olhar de profundo agradecimento àquela entidade iluminada pelos raios solares, cujas vibrações tanto bem me faziam, e, ouvindo a voz suave e amiga do Vô, fui aos poucos retomando o corpo que me servia de abrigo naquela encarnação. Abri os olhos e encontrei os do Vô, serenos e amigos como sempre. Eu disse apenas: "Entendi". Depois, chorei, chorei tudo o que precisava. Arranquei toda a dor do meu coração naquele pranto. Muitas vezes, as pessoas são instrumentos que a espiritualidade usa em nosso benefício, ainda que não nos demos conta disso, num primeiro momento. Claro que nada justifica maus procedimentos que adotemos uns contra os outros, mas a Lei de Deus tem maneiras (estranhas a nós, simples mortais) de atuar. Algumas vezes, somos impelidos por estranha força a agir de uma maneira que não condiz com o nosso comportamento, porém a força vem e contrariamos a nossa índole habitual. Nesses momentos, estamos sendo usados pela Lei ou a ela estamos submetidos na eterna roda da Lei do Retorno, da Ação e da Reação. Assim, o carrasco pode ser o grande benfeitor que nos auxilia, mediante sua ação diante de nós, a evoluir ou a estacionar; pode ser o instrumento da Lei a nos testar, esperando sempre que façamos a nossa escolha que, por sua vez, determinará em qual grau na escala evolutiva nos encontramos. Desse modo, benditos são aqueles que remexem as nossas feridas, que nos desafiam e nos afrontam. São eles, na verdade, os nossos grandes benfeitores, pois sem o desafio não há progresso, sem vencer pequenas batalhas não se ganha a guerra.

O que na verdade compreendi, com a ajuda do Vô e do guia espiritual, foi que, mesmo contrariado, tomaria por filhos que haveria de amar e zelar as pessoas a quem tinha prejudicado. Esse seria o meu pedido de perdão, pois o que no passado fora agressão e maldade ora haveria de ser amor e bondade. Por essa razão é que a Lei me colocara no papel de reprodutor. A dívida era tão grande quanto o número de filhos que haveria de gerar. Portanto, a ganância de meu senhor passou a ser para mim uma abençoada oportunidade.

Depois desses esclarecimentos, e já consciente da oportunidade, passei a tratar cada mulher designada a mim como a única. Tratei cada uma como se fosse a primeira, a dona do meu amor. Meus agrados e atenção ganharam fama e cada vez mais candidatas apareciam sob a alegação de que eu era capaz de gerar filhos belos e mais fortes do que os outros. Meu senhor ficou satisfeito com o meu desempenho, e eu, profundamente agradecido a Deus, tratava de cada rebento como se fosse o único merecedor do meu amor.

Vi muitos nascerem. O nascimento é uma alegria na vida dos seres humanos, e a morte, uma dor egoísta, ainda que saibamos que a vida continua do outro lado. Ver sem "vida" alguém que muito amamos dói fundo, e nessa hora é que a nossa fé se prova: choramos, sentimos a dolorosa perda, e a vida prática passa a ter menos valor nesse momento; pensamos em tudo o que poderíamos ter feito pelo outro; refletimos sobre uma série de coisas, mas essa é a hora, portanto...

20
Adeus, Vô!

Vô Firmino partiu. Deixou em pedaços o meu coração. Parte de mim se foi com ele. Agora eu seguiria sozinho pelo caminho da fé e do trabalho de cura, que até então dividia com ele na mais fraterna das amizades que tive naquela encarnação.

 Na mesma noite de sua partida, graças ao bom Deus, pude encontrá-lo durante o sono no mundo dos espíritos. Ele sorria muito e estava acompanhado, como não poderia deixar de ser, de Abaré Aram e da querida Mãe Joana. Todos sorriam felizes, e eu tinha de ficar e continuar a luta. Vi chegarem e unirem-se a eles muitos outros espíritos. Em atitude de amizade, todos sorriam e se cumprimentavam. Alguns usavam roupas estranhas para mim, trajes coloridos que eu jamais tinha visto, embora predominassem os brancos. Eram espíritos das mais diversas etnias, algumas por mim totalmente desconhecidas. Muitos índios brasileiros também estavam ali, bem como outros de origens que eu não conseguia identificar. Só sei que, pela indumentária, força vibracional e apetrechos, também eram índios.

 Era uma cena linda de se ver. Espíritos que rompiam as barreiras de cor, raça e credo, ali unidos, celebrando reencontros. Fui agraciado com a oportunidade de ter estado junto ao Vô, naquele momento tão importante, o que confortou meu coração dolorido pela sua ausência física. Mas eu sabia, lá no fundo do meu coração, que haveríamos de nos unir mais do que nunca, pois o Vô tinha ganho a liberdade real, aquela que livra a criatura do grosseiro fardo da matéria e que lhe permite ao mundo dos espíritos adentrar. Agora o velho Firmino estava livre e muito mais unido a mim. Pensando assim, transformei minha dor em alegria, em esperança, em uma fé mais robusta, na certeza de que a morte é pura ilusão e que a vida, esta sim, é eterna.

Antes que eu acordasse daquele sonho de luz, o Vô me disse que nos veríamos e nos falaríamos durante o sono muitas vezes ainda; com o passar do tempo, até mesmo em estado de vigília. Pediu que eu me preparasse, pois nosso trabalho não seria interrompido; estava apenas começando. Sorri feliz, agradecido à poderosa e infinita bondade e misericórdia divinas que sempre nos estendeu suas mãos seguras. Enquanto eu ia despertando, um fato curioso ocorreu, o qual não pude compreender de imediato. O rosto do Vô foi se modificando e um outro apareceu em seu lugar. Era conhecido também, só que foi confusa essa última visão. Mesmo cismado, eu tinha certeza de que em breve ele me haveria de esclarecer quanto a essa estranha visão que tive, segundos antes de despertar.

Minha idade já avançava e o corpo já não tinha a mesma agilidade de anos antes. Gerei muitos filhos, alguns nem mesmo cheguei a conhecer porque o senhor, em dificuldades financeiras, os havia vendido. Alguns foram vendidos com suas mães, outros não. Todos conheceram as dores atrozes que os escravos passaram na Terra; portanto, desnecessário se faz que eu repita tudo aqui. Apenas uma ressalva: ninguém, nem um povo, sofre injustamente. Baseie-se, caro leitor, na minha própria história, e conclua se tudo o que sofri foi desmerecido. Analise se não fui eu mesmo o semeador da minha sorte, e depois medite, reflita! É claro que uma maldade não justifica a outra; porém, a Lei tem as mais diversas formas para ser aplicada.

Em meio à dor e ao sofrimento, em meio às mazelas sofridas pelos negros, houve aqueles que nada sofreram; pelo contrário, tiveram a sorte de serem bem-tratados, vestidos e alimentados; tiveram vida digna apesar da escravidão. Meus próprios pais nos servem de exemplo. E o que foi isso, senão pregresso merecimento?

21
A doença do senhor

Com o passar do tempo, nosso senhor, que tanto me perseguiu e maltratou, caiu seriamente doente diante da falência iminente, a ponto de nenhum médico branco, estudado, poder ajudá-lo. Nada havia que lhe aliviasse as dores, e ele passou a definhar na cama, dia após dia, até que alguém resolveu me chamar. Ele não queria a minha presença, mas, como tinha momentos de pura ausência, resolveram pedir a minha ajuda.

Não concordei de início, pois eu e o Vô partíamos do princípio que só poderia ser ajudado aquele que a nossa ajuda aceitasse, mas, como a insistência por parte da família foi grande, resolvi concordar, mesmo um tanto contrariado. Chegando aos aposentos daquele senhor cruel e materialista, vi que ali se encontravam à minha espera Vô Firmino e Abaré Aram. Fiquei feliz, agradecido e muito confiante de que haveríamos de realizar um bom trabalho em nome de Deus, Pai de todos nós.

Trabalhamos juntos: removemos parte dos espíritos que vampirizavam as forças do doente e aplicamos ervas deste plano e do outro, nas regiões mais afetadas do corpo físico dele. Os espíritos que teimavam em permanecer ali foram levados minutos depois por um grupo de índios. Concluído o trabalho de emergência, receitei, devidamente intuído, as ervas que ele deveria tomar e que deveriam ser aplicadas nas regiões do corpo. Feito isso, saí satisfeito e feliz pela presença amiga dos eternos benfeitores que agora habitavam regiões venturosas do Espaço. Três dias depois, o senhor estava novamente de pé, e, embora ainda se sentisse

fraco, cambaleante, estava muito melhor do que antes.
Incrédulos quanto à cura do paciente, vieram até mim três médicos que cuidavam dele. Recebi-os de bom grado e no fundo senti uma pontinha de orgulho por fazer parte da missão que eles tinham abraçado com estudo e eu, com muita fé, amor e assistência do plano espiritual. Respondi a todas as perguntas que me fizeram, expliquei que o trabalho de cura realizado por mim era espiritual. Eles então torceram o nariz diante de minha explicação, mas eu já sabia que essa seria a reação e pouco me importei com a arrogância deles; afinal, unido ao plano maior, eu havia realizado o que eles tanto tentaram sem sucesso.

O homem ficou são, mas estava falido. Penso se não teria preferido morrer a enfrentar tão humilhante situação. Mas quem sabe Deus não havia permitido a sua cura, e depois a sua queda, para que a Lei pudesse ser aplicada. Eu fiz somente o meu dever de curador e, acima de tudo, de cristão. A fazenda foi vendida e, como se aproximasse a abolição da escravatura, o que o senhor conseguiu com a venda dos escravos foi pouco. Dava apenas para garantir a ele e a sua família uma vida humilde, desprovida totalmente do luxo ao qual estavam habituados. Com isso, vi se dispersarem do meu convívio os filhos que ele me havia constrangido a gerar. Provei uma dor diferente: a dor que só um pai conhece. Mesmo que meus filhos tenham sido gerados de forma imposta, eu aprendi a amá-los. Meu amor por eles era muito maior do que um dia imaginei sentir, mas agora, como vieram, se foram. Pensei em quantos castigos mais eu haveria de enfrentar por ter um dia, imprevidente e arrogante, violado as leis eternas e imutáveis do Pai.

Fui o único alforriado na negociação final de meu senhor, talvez por gratidão ou por medo, ou por não ter conseguido vender um negro de idade já avançada. O fato é que consegui a tão sonhada liberdade. Agora sim, eu faria o que desejasse, iria para onde quisesse e bem entendesse. Isso me fazia respirar diferente, mais profundamente. Malgrado toda a sorte de dificuldades que eu sabia ter de enfrentar sendo livre, a liberdade tinha gosto especial, doce e forte. Sem rumo nem morada, lembrei do recanto do Vô na mata e, decidido, fui para lá. Minha bagagem era a roupa do corpo e a fé firme neles que, com certeza, haveriam de me ajudar a sobreviver.

Lá chegando, a dor e a tristeza me acometeram de novo, tão profundamente quanto aquelas que eu vinha experimentando. Fui impedido, por homens fortemente armados, a adentrar aquela mata, sob alegação de que aquele trecho agora tinha dono. Sem saber que rumo tomar, insisti com os homens para que me deixassem entrar. A resposta foi negativa, embora tivessem me revelado a razão do isolamento, após eu ter prometido segredo, sob pena de morte. Fiquei sabendo que quem havia comprado a propriedade distribuiu homens por toda a região para reconhecer suas potencialidades, antes da compra, encontrando então o que nem mesmo o antigo patrão conhecia: no seio da terra jazia um tesouro em pedras preciosas e semipreciosas.

Eu, que bem sabia disso, chorei ali lágrimas de dor e tristeza, pois, antes de ser um tesouro material, aquele pedaço de chão tão belo era um tesouro espiritual de muito maior valor. Um dos homens, ao me ver chorar, perguntou qual era a razão da minha visível tristeza. Respondi com humildade que havia sido alforriado pelo antigo dono daquelas terras e que não tinha para onde ir, escondendo assim a dor verdadeira e o conhecimento sobre a jazida. Ao ouvir minha explicação, ele perguntou se eu queria trabalho. Imediatamente respondi que sim. Então, pediu para ver minha carta de alforria, examinou-a, falou com mais alguns homens e voltou-se para mim, dizendo:

— Inácio, você está empregado. Servirá ao novo dono destas terras e poderá viver como antes, lá mesmo na fazenda. Receberá salário digno, moradia e comida, desde que sirva corretamente a esse novo senhor. Só terá a ganhar.

Beijei sem vacilar as mãos do homem. Eu podia ver sua aura luminosa. Depois disso, agradeci aos amigos que zelavam por mim do plano espiritual. Mesmo triste por ter visto a profanação do santuário de Abaré Aram e Vô Firmino, dei graças por ser acolhido novamente na fazenda. De volta aos meus velhos e rudes aposentos, depois de trocar algumas palavras e acertos com o novo senhor, adormeci tranqüilo e agradecido pelo teto e pelo alimento que eu haveria de ter, agora com o suor do meu rosto, mas justamente remunerado.

Como era de se esperar, naquela mesma noite encontrei o Vô no plano maior. Ajoelhei ao seus pés chorando, triste e ao mesmo tempo alegre e agradecido, e pedi amparo e auxílio.

— Não se aflija tanto, moleque Inácio! — disse o Vô, com a maciez e a doçura características de sua voz. — O tesouro que os homens julgam ter encontrado é passageiro. O verdadeiro tesouro não jaz nas profundezas da terra, mas sim no coração do homem de fé que ama a Deus e a Ele dedica sua vida, seu amor, seu coração. Não se preocupe com o pedaço de terra que foi profanado, mas sim com o uso que se fará dessa profanação. Quanto a isso, lhe asseguro que a fortuna que o novo senhor obterá com as pedras, fruto dessa violação que você julga ruim, servirá muito para a libertação de nossos irmãos cativos que não podem esperar a libertação oficial, pois esta ainda tardará. Eu e Abaré Aram estamos aqui e não precisamos mais daquele ponto de forças, pois ele está em todos os lugares, principalmente na fé e na coragem daquele que crê sem negar. Se quer um lugar especial para estar conosco, que seja esse lugar as fibras de seu coração, da sua devoção em continuar o trabalho. Este sim é o tesouro que não se pesa nem se conta, e que encontrará.

Deus estava realmente sendo bom comigo, e eu agradecia a Ele a cada dia que amanhecia e anoitecia. Sentia-me privilegiado diante do sofrimento de meus irmãos de cor, que não tiveram a mesma sorte que eu; por isso me desdobrava entre o trabalho na fazenda e o atendimento a eles. Receitava ervas, curava feridas do corpo e da alma, sempre inspirado pelos irmãos espirituais. Fiz muitos partos e encomendei a Deus muitas almas. Sequei lágrimas e, outras vezes, as fiz rolarem. Dividi meu pão com os doentes, livrei do castigo injusto muita gente. Sorri e aprendi a amar muito. Amei cada dia, cada trabalho, cada pessoa. Amei profundamente a natureza generosa que fornecia a cura. Amei os seres das matas, os peixes dos rios e os animais noturnos. Curei muitos animaizinhos doentes. Adorava curá-los porque eram indefesos e confiavam totalmente em mim, permitindo que neles eu mexesse para que se recuperassem.

O novo patrão era muito bom homem: abolicionista, lutava pelos negros. Tratava a todos, brancos ou pretos, com respeito, sem no entanto deixar de ser enérgico. Tudo para ele tinha de funcionar certo. Era muito justo e forte. Mais uma vez, me senti agraciado pela sorte quando ouvi a voz do Vô a me dizer que tudo quanto estava acontecendo era por merecimento. Eu não me julgava merecedor de tantas bênçãos, portanto perguntei que merecimento era esse, uma vez que eu nada fazia para isso. Apesar de tudo, de todas as bênçãos, da ajuda que eu recebia, havia algo em meu peito que eu não entendia. Tive muitas mulheres, como bem sabem, mas, dentro de mim, lá no fundo da minha alma, sentia saudades de alguém que nunca conheci: a companheira ideal, aquela que diziam fazer bater forte o coração, suar as mãos, voltar aos tempos de menino; a mulher que despertava no homem o ciúme, a posse, o desejo; aquela ao lado de quem se queria estar a todo o momento. Esta eu não conheci, mas confesso que tinha a maior curiosidade de experimentar o sentimento chamado paixão. Eu sentia falta de alguém, e comecei a pensar por que nenhuma das mulheres que conheci havia despertado em mim esse sentimento forte, arrebatador.

Passei tempos pensando nisso. Procurei olhar com mais atenção as mulheres que estavam à minha volta, mas nada aconteceu. Comecei a pensar que havia algo de errado comigo. Perguntei aos amigos espirituais, mas eles nada diziam. Perguntei a Deus e Ele também não respondeu. Diante de todo esse silêncio, resolvi me conformar. Aquietei meu coração pensando serem tais dúvidas coisas da idade, que nos torna a todos carentes de amor e de atenção. Procurei me desculpar com o amor das pessoas e dos animais, e senti que este sim era muito maior do que o amor que se dá a uma só pessoa. Sorri satisfeito, muito embora aquela saudade ainda persistisse em meio peito. Pensei que talvez eu tivesse amado uma das mulheres que tive, sem ao menos ter me dado conta. É... esse pensamento fazia algum sentido, mas estava longe de ser esclarecedor.

Por mais que eu tentasse desviar de minha mente esses pensamentos, e do meu peito a tal saudade, eles voltavam a povoar os meus sonhos em vigília. Neles, eu segurava bem junto ao peito alguém que muito amava. Podia sentir sua respiração, seu cheiro suave, seu toque sutil a acariciar a minha pele, em movimentos suaves e amigos. Minhas mãos seguravam delicadamente as dela. Uma alegria forte inundava todo o meu ser, me fazendo sorrir e chorar ao mesmo tempo.

— Meu Deus, quem é ela? Senhor, tende piedade de mim. Afasta de mim esse desejo, se não posso encontrá-lo; afasta de mim esse pensamento, se bom ele não for. Senhor, tende piedade deste vosso filho.

Essa minha prece trouxe alívio imediato aos pensamentos que invadiam a minha mente, acalmando minha dor e minha ânsia. Senti-me mais sereno e confiante para seguir a minha vida, o meu trabalho. Dediquei os meus dias aos outros. O novo patrão fez questão de me acomodar na casa-grande. Ganhei conforto e regalias que julgava não merecer, mas, para fazer valer todo esse bem, eu o dividia de alguma forma com todos os meus irmãos, fossem eles brancos ou negros. Os rituais de minha Mãe África já não me atraíam: apesar da insistência de alguns para que eu tomasse parte nos trabalhos, eu preferia ouvir, escondido, os ensinamentos da família espírita do saudoso doutor com quem tanto tinha aprendido. Tentei ensinar alguma coisa do que assimilei aos meus irmãos de cor, mas eles se negavam a ouvir, colocando-se numa posição tão racista quanto aquela que muitos brancos assumiam sem pudor algum. Aprendi muito com os índios da tribo do Amigo Sol, Abaré Aram; eu os amava e respeitava muito, pois eram sábios, bons e amigos a toda prova.

    Foi por essas e por outras que os rituais africanos deixaram de me atrair, mesmo porque eu sabia que muitos dos meus irmãos lamentavelmente estavam usando seus dons com fins menos dignos. Senti muita tristeza, mas eu nada podia fazer. O ódio que alimentavam era grande demais, e qualquer argumento em contrário significava afronta e desprezo, com o agravante de me tomarem por defensor dos brancos em razão da posição privilegiada que eu ocupava na casa-grande.

    Então tomei a decisão de ir embora da fazenda. Falei com o patrão, que muito lamentou; o pobre tentou me deter de várias maneiras, mas eu estava decidido. A posição de privilegiado não combinava comigo nem com minha missão na Terra, naquela ocasião. Tentei fazer com que ele entendesse, mas foi perda de tempo. Esgotados os seus argumentos e percebendo que neles eu não me detinha, por fim aceitou a minha decisão. Só no último momento foi que pude perceber seu apreço por mim, pois, já cansado, deixou que duas lágrimas rolassem de seus belos olhos. Disse a ele que o fato de eu me ausentar da fazenda não significava que não lhe queria bem; estaria sempre lá, na mata, unido aos meus irmãos de coração, os índios, sempre que ele precisasse de mim; se tivesse apenas vontade de me ver, lá eu estaria de braços e coração abertos para ele, um grande novovelho amigo de caminhada. O pobre chorou no colo deste negro feito criança desamparada.

Para total espanto daqueles que me acusaram de falar por ter a barriga cheia e um bom travesseiro à noite, lá fui eu viver na mata junto aos índios que eu tanto amava e admirava, e com quem muito aprendia. Vivi na tribo o resto dos meus dias. Muitos brancos apareciam por lá em busca de lenitivo para suas dores físicas e espirituais, e vários negros também iam buscar a ajuda que não conseguiam obter junto aos seus. O chefe da tribo achou por bem destinar um local apropriado, fora da aldeia, para que eu pudesse atender aquela gente sem que a comunidade fosse afetada, pois os males que para lá eram levados muitas vezes enfraqueciam a frágil estrutura pura dos índios. Quer física, quer espiritualmente, eles sempre sofriam com as energias deterioradas das pessoas que buscavam minha ajuda.

Fizemos um belo trabalho no local, o qual foi batizado de Cabana de Pai Inácio. Nessa época, com certeza, eu me sentia um pai, e todas as vezes que pensava nos meus inúmeros filhos meu velho coração doía e meus olhos não seguravam as lágrimas. O velho índio, meu bom companheiro e amigo, se limitava a me observar, sem nada dizer. Certamente, sabia muito mais do que eu próprio a respeito das minhas dores. E por falar nelas, as dores físicas pouco a pouco iam chegando e meus cabelos começavam a ficar brancos, sinal de velhice para o negro. Mesmo assim, eu trabalhava e me divertia naquela tribo acolhedora: tomava muitos banhos de rio, aprendia a respeitar os animais de forma diferente, e a compreender os seus sinais. A comunicação com a tribo, no início, foi feita pelo chefe que falava a língua dos brancos; com o passar do tempo, aprendi a me comunicar na língua deles, e era divertido. Nessas ocasiões, eu sempre me lembrava do Vô e de Abaré Aram, e então tudo ficava ainda mais engraçado. Uma vez por mês recebíamos na aldeia a visita do padre que, em vão, buscava converter os índios ao catolicismo; o pobre perdia seu tempo, pois se existia um ser que amava a Deus de verdade, esse ser vivia dentro de cada membro daquela aldeia. O padre era recebido para pregar seus ensinamentos apenas por ser reconhecido pelo chefe como uma autoridade. Na maioria das vezes, ele é quem saía da aldeia aliviado das cargas absorvidas em sua missão. O chefe da tribo ria e me dizia: "Ele vem aqui ensinar, querer se vangloriar, e sai leve feito uma pena. Sabe que nada tem a nos ensinar; usa isso como desculpa para vir até aqui receber novas forças. É uma criança, deixe ele".

O trabalho começou a ficar difícil em razão do grande número de pessoas que apareciam para buscar ajuda. Diante da situação, o grande chefe permitiu que alguns dos membros da tribo me ajudassem, mas as pessoas não queriam ser atendidas por eles, fato que me obrigou a ser duro com aquela gente preconceituosa e mal esclarecida. Um dia, logo após a formação da enorme fila diante da pequenina cabana, falei aos que ali se encontravam:

— Sou um só. Muito do que sei aprendi com estes índios que estão aqui para me ajudar a ajudá-los. Se vocês não aceitam a ajuda deles, devo dizer que, de hoje em diante, eu também encerro o meu trabalho. Deixo a decisão por conta de vocês. Agora vou entrar na cabana e espero que alguém me traga a decisão.

Algum tempo se passou e eis que um jovem foi me procurar. Sua altura e os traços físcos logo me chamaram atenção. Permaneci em silêncio, esperando que ele falasse e no, exato instante em que ouvi sua voz, reconheci que, por obra de Deus, eu tinha diante de mim um dos meus queridos filhos. Comecei de pronto um choro abafado, seguro, mas não podia conter as lágrimas nem a explosão de alegria do meu pobre coração. Era um dos meus! Ele, por sua vez, recebeu com estranheza a minha atitude e perguntou:

— Por que chora, Pai Inácio? Acaso fiz alguma coisa que ofendesse o senhor?

— Não, meu filho, não fez não. É coisa de velho. Você traz a resposta do povo?

— Entrei em sua cabana independentemente de ser escolhido para dar a resposta. O povo viu que eu estava decidido a apoiá-lo e me confiou a resposta.

— Muito bem, meu filho, então você confia neste velho e no povo amigo que me ajuda?

— Não apenas confio, tenho certeza. Na verdade, vim aqui por um motivo diferente.

— Não me diga! E qual é esse motivo, belo rapaz?

— Minha mãe se chama Dolores. Viveu muito tempo na mesma fazenda que o senhor e, por insistência minha, ela me disse uma coisa que agora a coragem está me fugindo para perguntar.

— Ora, ora, meu jovem, diga logo a que veio, estou pronto

para ouvi-lo! Meu coração está sempre aberto a todas as pessoas. Não receie, meu filho.

— Pai Inácio, ouvir o senhor me chamar de filho é... é... Dispensamos as palavras, as confirmações, as histórias. A conversa é claro que viria depois. Limitamo-nos ao abraço forte, às lágrimas copiosas e à alegria do reencontro entre pai e filho: bênçãos do Pai Maior.

Passado algum tempo, veio a resposta do povo por intermédio de um representante: resolveram aceitar a ajuda dos índios. Dupla dádiva recebi naquele dia. Foi o melhor trabalho realizado até então, pois junto a mim estavam Abaré Aram e um dos meus filhos. A alegria, o amor e a satisfação só fizeram potencializar ainda mais os benditos dons que o Pai nos legou. Naquele abençoado dia, atendemos, com satisfação, muitos filhos de Deus, carentes do espírito e da matéria. Foi com maior alegria ainda que, ao final do trabalho, pude constatar o envolvimento e a seriedade com que meu filho nos ajudou. Eu poderia morrer naquele momento dando graças a Deus, tamanha eram a emoção e a força daquele instante. Alguns dos meus acusadores também foram atendidos naquele dia de bênçãos.

Para conforto do meu espírito, Deus resolveu estender Suas bênçãos sobre mim, permitindo que meu filho viesse viver e trabalhar comigo e com os índios amigos, na tarefa de auxílio ao próximo. Ele foi recebido na aldeia bendita como um verdadeiro membro e sentia-se tão confortável que nem mesmo eu compreendi de pronto, mas é claro que muito me alegrei e agradeci ao Pai.

Durante muito tempo, realizamos muitas curas em nome do bem eterno e soberano que permite que nos auxiliemos uns aos outros numa corrente contínua de amor, fé e amizade. Depois do reaparecimento do meu filho, notei que já não sonhava nem sentia a falta de uma companheira em minha vida; já não me cobrava nem me questionava sobre essa lacuna em minha caminhada. Pensei sobre isso, mas para mim essa falta que eu sentia foi totalmente preenchida pelo meu filho. Ao mesmo tempo em que eu achava isso estranho, pois uma coisa nada tinha a ver com a outra, me era natural que ele viesse preencher o vazio que eu sentia e atribuía à falta de uma mulher. Talvez eu apenas sentisse falta de um vínculo forte. Talvez!

22
Fim de mais uma jornada

Durante todo o tempo em que trabalhei e vivi na aldeia, meus bons amigos espirituais estiveram comigo, compartilhando tudo de bom e de ruim, sempre me instruindo e me alertando. Foi uma caminhada dividida, lado a lado, entre a carne e o espírito. Antes de partir dessa encarnação, tive a oportunidade de ver libertos das amarras da escravidão os meus irmãos de cor. Mesmo sem saber, colaborei com a nova fé que viria a embalar nossas terras brasileiras. Tudo o que eu havia feito até então baseava-se apenas em fé, amor e minha própria necessidade de reparo, pois ninguém se doa totalmente a uma missão, sem que seja o primeiro e o maior dos necessitados, salvo em poucos casos.

Da minha despedida na Terra, só me lembro desta canção:

> Na cabana de Pai Inácio eu vou;
> Vou buscar ajuda eu vou;
> Lá tem negro e tem índio, eu vou;
> Pra cabana de Pai Inácio eu vou.
> E que Deus seja louvado mas eu vou,
> pra cabana de Pai Inácio eu vou.

Enquanto meu corpo era levado para o sepultamento, ouvi, comovido, essa canção que eu desconhecia até então. Agradeci aos irmãos silvícolas pelo conforto e amparo que recebi em meu desenlace; eles trabalharam muito para que a minha partida fosse suave, como de fato foi.

Só do lado de cá pude visualizar a grande ajuda que havia

recebido por parte daquele povo amigo, selvagens para alguns, mas irmãos para mim, um negro cheio de dívidas e defeitos que eles, em sua pureza e lealdade, acolheram e ajudaram.
— Inácio, Inácio, meu filho! Que bom revê-lo, que bom, filho! — essa frase amiga e acolhedora marcou meu reencontro com o Vô Firmino. Emoção pura de espírito para espírito.
—Vô! É o senhor mesmo? Que saudade, meu velho, que saudade!

De joelhos e aos prantos, permaneci durante algum tempo agradecendo, orando, implorando que o Pai me perdoasse os deslizes, pois agora eu estava novamente diante da verdade. Senti uma mão carinhosa tocar o meu ombro e depois os meus braços, como que me convidando a ficar de pé. Levantei-me ainda de olhos fechados e marejados de lágrimas, e, quando os abri, dei graças novamente pela beleza, pela força abençoada da presença de Abaré Aram, ali diante de mim, radioso pela luz que o envolvia. Num ímpeto, abracei-o, agradeci ao seu ouvido por toda a ajuda e por aquele momento sagrado. Só depois que a emoção do primeiro momento passou é que vi onde estava: era um campo verde, com árvores, lagos, flores, pássaros. Criaturas de beleza indescritível voavam junto com borboletas coloridas. O Sol brilhava, mas a brisa suave proporcionava uma temperatura muito agradável. Olhei ao redor, respirei fundo, dei graças ao Pai Eterno e, sem que percebesse, vinha em minha direção um grupo de crianças que gritavam o meu nome, alegres, festivas, trazendo cada uma algo nas mãos. Ao chegarem perto de mim, fizeram um círculo e me colocaram no centro. Pude então perceber o que traziam nas mãozinhas: eram flores, doces, ervas curativas, conchas, pedras de beleza ímpar. Não entendi de imediato o que significava tudo aquilo, mas aproveitei o momento alegre e me deverti com elas. Eram de fato crianças lindas e amigas. Depois de toda a brincadeira, avistei com emoção alguém que me era conhecida, caminhando devagar. Mesmo distante, pude ouvir sua risada alegre e serena. Com ela, vinham mais crianças, pulando, brincando e cantando uma canção tão bela que fazia com que minha alma flutuasse.

— Mãe Joana! — exclamei com a voz do meu coração.
Era ela sim! Que emoção! Que reencontro sublime! Senti como se tivesse recomeçado a viver naquele momento. Mãe Jo-

ana, que tanto me havia ajudado em vida; não só a mim, mas ao Vô principalmente...Conforme sua figura sublime se aproximava, pude perceber enfim quem realmente era ela e o que na verdade significava para mim.

— Deus, meu Pai, obrigado, obrigado!

Sem palavras, olhos marejados de lágrimas, nos abraçamos. Mãos unidas, olhos nos olhos, falamos a língua universal, a do amor verdadeiro que une as almas na eternidade.

Enquanto estávamos ali, presos àquele instante mágico, as crianças rodavam à nossa volta, jogavam pétalas de flores sobre nós e água fresca, que borrifava nossos corpos espirituais, ao mesmo tempo em que luzes multicoloridas nos envolviam. Em segundos, Mãe Joana apresentou-se então com outra vestimenta perispiritual: a da mulher das minhas vidas, aquela que sempre amei com o coração, a quem tanto busquei sem jamais ter encontrado na carne. Agora realmente percebi o amor puro e sereno, amor real, aquele que se alegra e cresce pela simples presença do ser amado, que nada pede em troca e que faz florescer o melhor que existe em nós... enfim, reencontrei o meu eterno amor!

—Você!

— Sim. Sou eu mesma quem o reencontra mais uma vez, graças a Deus.

Felizes, nos sentamos juntos para conversar; recapitulamos nossas vidas entre as idas e vindas. Percebi então que ela tinha avançado mais do que eu e que, para alcançá-la, ainda seria necessário muito esforço de minha parte. Por amor a mim, ela tomara a decisão de estacionar no nível em que se encontrava até que eu pudesse lá chegar, e então, daquele ponto em diante, seguíssemos juntos. Era uma responsabilidade muito grande e um compromisso ainda maior, que eu temia não ter forças para cumprir.

Em coro, as crianças pediram que eu aceitasse o desafio. Disseram que haveriam de me ajudar, desde que eu colocasse o amor por todas elas bem no fundo do meu coração, e sempre as amparasse. A ternura, o carinho e a pureza daquelas pequenas criaturas tocaram fundo o meu coração. Pensei nos filhos que tive e não pude ver antes de morrer. Pensei em quanto aprendi a amá-los, sem no entanto poder conviver com eles. Refletindo sobre elas, pensei enfim numa série de coisas, e concluí que a Misericórdia Divina é muito maior e abrangente do que possamos imaginar.

Somos Seus filhos amados que, vez por outra, Dele nos afastamos, pela nossa própria teimosia e pequenez; outras vezes, por necessidade de aprender por nós mesmos a forma de retornar a Ele.

Aliviado, mais forte e agradecido, eu respirava nas paragens espirituais que outrora haviam sido muito dolorosas. Até ali, eu havia provado diversas formas de vivência no mundo dos espíritos. Eu pensava sobre isso quando o Vô e Abaré Aram se aproximaram de mim. O Vô tomou a palavra, como sempre repleta de sabedoria e doçura:

— Tem razão, Inácio, até aqui o que você adquiriu foi experiência. Fez suas escolhas, lutou bravamente contra o mal que o dominava, e veja só quem foi, quem é, e principalmente quem pode vir a ser. Isso é evolução, meu filho! Ninguém se purifica sem conhecer as dores e as causas delas, sem vivê-las, pois algumas vezes, para que possamos curar uma doença, precisamos tê-la vivido para conhecer a fundo as suas causas, os seus efeitos e a sua cura efetiva. Hoje sabe que só se cura quem quer, quem busca e crê; caso contrário, é energia vazia, improdutiva que se emprega.

— Sei, Vô. Hoje sei um pouco sobre tudo isso, mas tenho certeza, meu velho, que muito ainda tenho de trabalhar para alcançar o meu sonho dourado, aquele que alimenta e fortalece o meu espírito, que enfim é o grande responsável por eu ter me tornado quem sou.

— Sei, filho, eu sei do que você fala. Ah! Mãe Joana... Saiba que também fiquei surpreso quando soube da história de vocês, e me sinto muito feliz por ter tido a dádiva de receber o amparo dela.

Falamos bastante, eu e o Vô, enquanto nosso Amigo Sol apenas ouvia. Ele falava pouco, mas quando falava... Nossos assuntos foram muitos: trocas de experiências, ervas astrais e terrenas e suas propriedades terapêuticas; enfim, falamos, falamos, até que Abaré fez sinal para que fizéssemos silêncio, pois minha doce amada vinha chegando, rodeada pelas suas lindas crianças. Ela estava tão bela que me faltou ar. Se eu não a conhecesse tão bem, poderia tê-la confundido com um anjo. Todos ficamos encantados com sua aparência, sua luz, sua alta vibração amorosa e harmônica, e, é claro, sua beleza. Ela nos cumprimentou rapidamente; em seguida, pediu que a acompanhássemos, os três, e que mantivéssemos a mente em oração, ao que obedecemos confiantes. Depois a seguimos.

Ela nos guiou até um grande campo gramado, rodeado por enormes árvores, em cujo centro havia um grande lago de águas verdes. Muitos outros já estavam ali, espíritos das mais diversas etnias: índios, negros, hindus, budistas, católicos, espíritas, maometanos, tibetanos, gente de fé desvinculada de preconceito, unida para atender a um objetivo muito maior que o dos limites impostos pela mente humana encarnada; mãos que se estendiam, emprestando, uma à outra, o conhecimento e a vivência na caminhada da espiritualidade.

Acomodamo-nos em meio ao povo, e logo passamos a compartilhar com aquela gente diferente e estranha as nossas experiências, assim como ouvíamos com atenção e interesse as deles. Parecia um grande mercado de trocas, em que a sabedoria era a mercadoria de interesse comum. A fé movia a todos e, num piscar de olhos, a alegria tomou conta de nós por percebermos quão grande era aquele encontro, mesmo que ainda não soubéssemos qual o seu real objetivo. Cada um trazia uma fé e, conforme compartilhávamos a nossa com a dos outros, ouvindo, respeitando e por vezes acatando, ia se formando um enorme quebra-cabeças. Nenhum de nós se ofendia ou tentava impor ao outro a sua crença particular. Ali, o que estava acontecendo por milagre era a união de forças diversas que se mesclavam e iam se tornando maiores. Com isso, a figura do quebra-cabeças ficava cada vez mais linda.

Passamos algum tempo ali, nós quatro, compartilhando, debatendo e aprendendo, em perfeita paz e harmonia. O ambiente que se formou era de pura amizade, mesmo diante de opiniões contrárias que, por vezes, se apresentavam e que eram rapidamente esclarecidas, lembrando-nos de que, embora tivéssemos um objetivo em comum, éramos diferentes.

O foco da nossa união ali, e para adiante, seria o objetivo maior, deixando de lado as diferenças, as formas, os cultos. Conforme o tempo passava, mais pessoas se juntavam a nós, cada uma com sua bagagem espiritual repleta de tesouros para dividir com todos nós. É claro que nenhum vivente saído da Terra traz consigo somente belos tesouros! Mas o que realmente importa é a soma do bem que se faz. E assim, a figura ia se formando, se completando, e nós, espíritos unidos pela sagrada força do amor e da fé, seguíamos felizes.

Aos poucos, começamos a entender o que tínhamos em comum: todos, sem exceção, havíamos trabalhado em auxílio espiritual e material aos nossos semelhantes em encarnação anterior. Foi depois dessa descoberta, a qual muito nos alegrou e acabou por nos aproximar ainda mais, que alguém veio nos falar, com uma voz tão grave que parecia vir de todos os lados ao mesmo tempo, solicitando que fizéssemos silêncio, pois o momento era de especial importância, seriedade e esclarecimento. Silêncio feito, vimos diante de nossos olhos espirituais o tal quebra-cabeças que havíamos montado: era o planeta Terra. Porém uma última peça faltava, mas ninguém ousou quebrar o silêncio daquele instante, que fazia os corações envolvidos baterem mais rápido. Percebemos então, com nosso sentido extra-físico, que a peça faltante não fazia parte do planeta físico, mas de sua contextura etérea.

O silêncio tornou-se absoluto; não sabíamos para onde olhar; nossos ouvidos, bem atentos, esperavam por novas orientações vindas daquela voz grave mas serena, que por fim solicitou que nos dirigíssemos ao lago e formássemos sete círculos por ordem de vibração, em silêncio absoluto.

Na expectativa do que viria, percebemos que cada círculo passou a adquirir uma cor, parecendo um enorme arco-íris em espiral. O lago também começou a mudar de nuance, até ficar transparente. Podíamos ver nitidamente os peixes, as plantas e o fundo, tamanha a sua transparência. Que visão linda! As águas começaram a se agitar, formando serenas ondas. Diante disso, relaxamos. Então uma imagem começou a se formar bem no centro. Todos podiam vê-la, pois os círculos eram formados de maneira tal que se pudesse visualizar o lago, sem dificuldades.

De cada religião ali representada, apareceu um líder, aquele que a cada povo levou a fé, a palavra e a vontade de Deus. Todos então, tocados profundamente pela sua fé, entenderam que as divisões só acontecem na Terra, onde cada um segue o caminho mais condizente com o seu entendimento para chegar ao Criador. Porém ali, naquele momento, uniam-se em comunhão de objetivos, em prol da fraternidade que a todos os Seus filhos une, sem fronteiras. Iluminados pelo entendimento, sorvendo o cálice doce de tão grande bênção, aguardamos serenamente.

A voz voltou, num tom mais baixo, em razão das altas vibrações do momento, e tomou a forma de um espírito ancião de longos cabelos e barba branca, trazendo na mão direita um cajado. Imediatamente, o interpretamos como a sabedoria do tempo que a tudo ajeita e revela. O ancião foi remoçando e, a cada idade que assumia, revelava uma verdade: a sabedoria, a maturidade, a força, a vontade, a descoberta, a fantasia e a fragilidade — as sete etapas da vida humana, os sete passos da evolução terrena. Nunca antes eu tinha pensado no ser humano assim, com tamanho esclarecimento. Passado esse momento de profundo aprendizado rápido, porém de grande valor, a voz se fez ouvir novamente:

— Aqui reunidos estão vocês, filhos de Deus escolhidos para a implantação, na Terra, de uma nova forma de intercâmbio entre espíritos, cujo sucesso dependerá da união plena entre os que estão do "lado de cá" e os do "lado de lá" da vida. Não será uma tarefa fácil; por isso, os envolvidos deverão seguir as luzes que iluminarão suas consciências e seus corações, sustentados pela fé que tem a força da rocha, a flexibilidade do bambu ao vento e a imparcialidade dos justos.

Como puderam perceber, o número sete regerá o processo de recriação dessa bendita religião que falará aos humildes, os quais de pronto a acolherão; aos desconfiados, que pedirão e terão provas; aos céticos, que serão obrigados a admitir suas verdades através de fatos inquestionáveis; aos desesperados, que nela encontrarão forças e consolo; aos carentes da matéria e do espírito, que dela receberão o pão; aos doentes, que dela receberão a cura; enfim, trabalhará por todos, sem exceção, acolhendo e respeitando em seu seio de mãe toda e qualquer forma de manifestação de fé, sem preconceitos ou idéias pré-concebidas.

Trabalharemos com a magia que cura, fortalece e organiza, iluminando muitas consciências, fazendo com que a fé retorne a muitos corações cansados e oprimidos pelo sofrimento, pelo abandono e pelas doenças. Jesus será nosso mestre e guia maior; do Seu Santo Evangelho recolheremos as orientações necessárias para que possamos cumprir em verdade, fé, amor e devoção a Sagrada Missão que o Pai ora nos confia. Ele só espera de nós que a saibamos cumprir com sabedoria, pelo nosso próprio bem e pelo bem de todos. É um tesouro, este que nos é colocado nas mãos para que o multipliquemos, compartilhando-o com todos que a nós vierem em busca de amparo e socorro. Trabalharemos com a magia natural, retirando da natureza os fluidos necessários ao bom desempenho de nossas tarefas, fluidos estes que transformaremos em remédios que curam almas e corpos, bálsamos que acalmam, banhos que refrescam e limpam a sujeira física e espiritual, combinações que afastam o mal e fortalecem o bem em cada ser. Usaremos as fontes naturais da Terra, contando com o efetivo auxílio dos seres elementais que virão se unir a nós nessa tarefa. Cabe a nós cuidar com muito amor desses seres pequeninos na forma, mas grandiosos em suas atuações, pois serão nossos auxiliares imediatos; sem o auxílio deles nosso trabalho simplesmente será inviável.

O grande objetivo é a união de forças e verdades. Prova disso é a nossa reunião neste momento, em que cada um traz consigo um pedacinho desse enorme quebra-cabeças. Eis a última de nossas peças e, por fim, o quebra-cabeças que cada um aqui presente ajudou a montar estará completo.

Nesse exato momento, surgiu então, no centro do imenso lago, a imagem de nosso planeta, ainda mais bonito. A peça faltante — uma grande estrela brilhante — foi colocada no centro, num encaixe perfeito, como se realmente fizesse parte dele, passando a irradiar luz em todas direções. Mudava de cor, mas seu intenso brilho deslumbrava nossos olhos. Transmitia não apenas beleza e luz, mas também paz, alegria, confiança e harmonia. Todos ficamos encantados!

A voz então tornou a se pronunciar:

— Eis a estrela-guia que reúne em si as sete cores, as sete vibrações, os mistérios divinos, ou seja, os orixás: a fé, o amor, o conhecimento, a justiça, a lei, a sabedoria e a geração da vida. Cada uma delas estará ligada a um ponto da natureza, de onde recolherá os fluidos compatíveis para trabalhar.

Como já disse, será um trabalho de intercâmbio entre nós e os encarnados que, por sua vez, deverão sintonizar com essas vibrações, e depois com cada um de vocês. O método será o de incorporação, conhecido por muitos. Resgataremos assim a religiosidade original perdida com nossa saudosa Atlântida. Dificuldades surgirão, más interpretações se apinharão durante nosso percurso, mas confiemos na proposta que ora nos comprometemos a cumprir com fé, humildade e caridade, com o objetivo puro e simples de fazer o bem para que nosso progresso espiritual possa se acelerar. A escolha de bons médiuns, a princípio, deverá levar em conta sua capacidade de doação e percepção extra-sensorial, pois a parte moral, doutrinária e o amadurecimento de bons pensamentos e atos ficarão por conta de vocês dois, do intercâmbio que realizarão, de quanto aprenderão juntos, de quanto bem farão sem jamais, em tempo algum, pedir nada em troca, pois a grande paga é a felicidade futura, é o progresso espiritual. Vamos ao nome dessa velha religião! Repitam mentalmente este nome, pois é um mantra, uma oração por si só: *umbanda*. Muitos a confundirão com os cultos afro e com o espiritismo que vem se firmando. Usaremos uma linguagem simples; entretanto, a mensagem que deveremos deixar deverá ser sempre profunda e reflexiva, e, a exemplo do próprio Mestre, se preciso for, falaremos por parábolas. Mais detalhes sobre este trabalho serão revelados oportunamente. Precisamos agora definir quem está disposto a nos seguir, pois em breve iniciaremos os preparativos para dar início a mais um ponto de luz na Terra. Os que querem ficar ao nosso lado permaneçam em seus lugares, e aqueles que não o desejarem, podem sair e seguir seu caminho. Amigos virão conduzi-los às moradas escolhidas por vocês.

Poucos não aceitaram. Nós que ficamos estávamos em estado de graça, felizes, confiantes. Pouco tempo depois viemos a conhecer não apenas o dono da bela voz que nos orientou no início, mas também os mentores da nova empreitada que ali se iniciava com a autorização de Deus, as bênçãos do Cristo e dos sagrados orixás divinos, criados pelo Pai desde o início deste belo planeta, além, é claro, de tantos outros que passaram pela Terra, deixando mensagens, orientações, sábios ensinamentos.

Soubemos ainda que os mentores da nossa umbanda também militavam junto aos mentores do espiritismo; apenas diferiam os alvos a ser atingidos, pois era de conhecimento de todos que a doutrina espírita seria dirigida às pessoas que pudessem se dedicar à leitura e ao estudo. Sendo esse grupo de espíritos muito pequeno, a umbanda então falaria à maioria de forma simples mas objetiva, trazendo os conhecimentos nas entrelinhas, não apenas o velho conhecimento das palavras e orientações de Jesus, mas também os milenares conhecimentos mágicos que movimentam energias. Fomos alertados quanto à confusão que se daria no começo da tarefa. Sabíamos que poucos seguiriam fielmente as orientações e se confundiriam, e até usariam de maneira indevida o nosso nome, mas estávamos nos preparando para o longo trabalho que nos esperava munidos de fé, paciência e muita tolerância junto com aqueles que viriam atender aos propósitos maiores da nossa umbanda.

Muito mais eu poderia narrar a respeito, mas não é o objetivo desta história. Os amigos que se interessarem em conhecer a fundo as origens da umbanda certamente terão gratas surpresas, assim como eu tive.

Nestas breves linhas, relatei uma parte de minha história: minhas lutas, as dores causadas por mim mesmo, minhas idas e vindas, meu aprendizado que não contou com uma linha escrita sequer, mas sim com a vivência e a convivência com os dois lados da vida. Somos nós quem construímos ou destruímos a nós mesmos. Somos os responsáveis pela dádiva da vida. Todos possuímos intimamente a fonte do amor original de Deus, que nos criou para sermos felizes às nossas próprias custas. Como bom e justo Pai que é, sempre nos oferece chances, possibilidades, mas deixa que escolhamos o caminho, sem interferir, para que possamos aprender e a Ele retornar lapidados, prontos e dignos de Sua infinita bondade, misericórdia e sabedoria.

E foi assim, queridos amigos, que me tornei Pai Inácio da amada umbanda, como sabiamente me chama um querido colaborador, escolhido para iluminar muitos pontos de nossa fé, ainda tão mal compreendida na matéria. Não pensem que tomei esse caminho sozinho; minha doce amada, que também adotou nome conhecido no meio umbandista, veio comigo compor uma linha de trabalhos. Também vieram o Amigo Sol, Vô Firmino e muitos índios que conviveram comigo na Terra. Não posso deixar de mencionar que Soficil também se uniu a nós. Aliás, vieram tantos que nem sei se cabe citar neste pequeno espaço das letras.

Sou Pai Inácio na umbanda, mas uso outras roupagens em lugares onde sou chamado a auxiliar, a compartilhar, a orientar e esclarecer. Isso não é privilégio meu. A maioria de nós trabalha assim, servindo sempre, mesmo que tenhamos de mudar de vestimenta, de aprimorar a fala. Vocês ficariam admirados me ouvindo falar difícil, com ares de doutor que domina certos assuntos.

Muito bem, meus queridos, espero que esta minha história traga algum aprendizado às suas vidas. Que Oxalá, a Grande Vibração, nos ilumine, nos fortaleça e oriente, abrindo os nossos corações e as nossas mentes a todas as outras vibrações que compõem a grande verdade do Pai. Que as luzes do Cristo nos ilumine os caminhos e coloquem no fundo de nossas almas as verdades imorredouras que não se perdem na roda do tempo infinito.

Se vim de Angola ou de Guiné, isso não importa. O que importa é que estou aqui e lá a toda a hora.

Se trabalho vestido de preto, trabalho também vestido de branco, africano ou europeu, de terceiro ou primeiro mundo, isso não importa.

Fronteiras são colocadas aqui, onde a matéria corrompe o espírito, onde vivo, vivem o preto e o branco, o amarelo e o indiano em uníssono.

Sou quem você achar melhor que eu seja, mas sou filho de Deus, disto não se esqueça!

Pai Inácio

Tempo haverá de chegar em que unidos trabalharemos. Conscientes e humildes, reconheceremos que cada um traz consigo um pedaço da grande verdade que, se unida e compartilhada, poderá vencer as barreiras que cegam e desnorteiam os seres, filhos do mesmo Pai que tanto nos ama e nos espera em Seus braços sempre abertos.

O amor verdadeiro jamais se apaga, se perde ou acaba; ele simplesmente se aprimora e melhora ao longo do tempo infinito que dura.

O Perdão
LUIZ ROMERO / MARCELO GUTIERREZ
ISBN 85-7618-043-X • Formato 14 x 21 cm • 352 pp.

Nesta ficção espírita, o leitor poderá acompanhar, com enlevo, o conturbado romance dos personagens Paulo e Sara, tanto em sua vida terrena, quanto após a desencarnação.

Plena de ensinamentos, esta bela obra mediúnica, ao mesmo tempo que robustece aqueles que já possuem domínio sobre as doutrinas do espiritismo, permite ao leigo e ao iniciante adquirirem, com suavidade e deslumbramento, conhecimentos sobre as diversas etapas percorridas, às vezes por caminhos tortuosos, na longa estrada em busca do Pai.

Dividida em duas partes, a obra contém, na primeira, o encontro e o desencontro dos protagonistas, mostrando seus defeitos, qualidades e atitudes que, pela Lei de Causa e Efeito, serão responsáveis por seu fim trágico e pelas consequentes situações vivenciadas após o prematuro desencarne.

Na segunda parte do livro, em que são apresentadas as diversas esferas dos planos espirituais, a obra está enriquecida com sugestivas ilustrações de Gustave Doré que visualizam regiões do inferno e do paraíso de Dante Alighieri, em sua magnífica *Divina Comédia*.

Reencontrando parentes nas esferas sublimes; atendendo nos hospitais espirituais a recém-chegados às colônias; acompanhando a trajetória de sua alma, em suas diversas existências; aprendendo com a sabedoria dos mestres, em núcleos de estudo; ou viajando com caravanas de resgate, pelas trevas das esferas inferiores, a personagem aprimorando seu espírito até tornar-se apta a uma nova encarnação.

Recanto de Luz
EUSÉBIO / LUIS CARLOS RAPPARINI
ISBN 85-7618-101-0 • Formato 14 x 21 cm • 416 pp.

"Não pense que é preconceito, mas..."

Em realidade, era ele a grande barreira – o conceito prévio por "ouvir dizer" – que fazia hesitar Eusébio, o aprendiz do plano espiritual, diante da perspectiva de ingressar num centro de umbanda, onde seu mentor espiritual, da casa espírita, lhe recomendara estagiar.

Essa mesma barreira intangível, construída à revelia da razão e da lógica, é o que com freqüência, distancia espíritas e espiritualistas do exame desapaixonado (o livre-exame e a avaliação racional que Kardec e outros instrutores sempre preconizaram) dessa religião brasileira de tanta expressividade espiritual.

Ao conseguir finalmente vencer os dois degraus que o retinham à entrada do templo, o espírito aprendiz, Eusébio, inicia o mergulho em um universo ignorado de trabalho espiritual, em que reina a caridade desinteressada alicerçada no Evangelho, e a humildade dos pretos velhos e a simplicidade dos caboclos revestem espíritos de sabedoria milenar e alcance insuspeitado ao lidar com as energias e os corações humanos.

Cativado pelo imenso amor e pelos novos horizontes que vislumbra, Eusébio vai, de surpresa em surpresa, até a revelação final sobre o seu próprio passado reencarnatório, numa catarse profunda que lhe faltava ao espírito até então.

A essa viagem ao universo do movimento umbandista, desvendado do "lado de lá" pela visão imparcial de alguém inicialmente refratário a ele, é que esta obra se propõe conduzir o leitor, como companheiro de descobertas da grande religião brasileira, cristã e mediúnica que viceja ainda à margem do conhecimento de seus irmãos da seara da Luz.

Nos Portais de Aruanda
LUIZ ROMERO / MARCELO GUTIERREZ
ISBN 85-7618-101-0 • Formato 14 x 21 cm • 416 pp.

Mais uma obra é trazida do Alto pelo sábio e iluminado irmão Luiz Romero.

Em *Nos Portais de Aruanda* reencontramos os espíritos Sara e Paulo, de *O Perdão*, em nova oportunidade de aprendizado, tentando reparar erros cometidos em existência anterior. Agora como Carlinhos, irmão adotivo de Sara, Paulo se vê envolvido pela influência maléfica de espíritos vingativos que o atiçarão a um caminho sórdido: a posse carnal da própria irmã. Momentos de muita dor, tensão, incompreensão, possessividade e vingança marcarão a vida da família Albuquerque, emocionando os leitores desta obra que ainda traz, sob novo prisma, a visão real da Umbanda em nossas vidas, com seus tantos militantes espirituais, com toda a sua magística, abnegação, sabedoria, caridade e, principalmente, o ensinamento de que somente o amor verdadeiro, livre de estigmas, rótulos, preconceitos, é capaz de nos conduzir ao caminho da paz.

A HISTÓRIA DE PAI INÁCIO
foi confeccionado em impressão digital, em abril de 2025
Conhecimento Editorial Ltda
(19) 3451-5440 — conhecimento@edconhecimento.com.br
Impresso em Luxcream 80g, StoraEnso